essentials

essentials liefern aktuelles Wissen in konzentrierter Form. Die Essenz dessen, worauf es als „State-of-the-Art" in der gegenwärtigen Fachdiskussion oder in der Praxis ankommt. *essentials* informieren schnell, unkompliziert und verständlich

- als Einführung in ein aktuelles Thema aus Ihrem Fachgebiet
- als Einstieg in ein für Sie noch unbekanntes Themenfeld
- als Einblick, um zum Thema mitreden zu können

Die Bücher in elektronischer und gedruckter Form bringen das Expertenwissen von Springer-Fachautoren kompakt zur Darstellung. Sie sind besonders für die Nutzung als eBook auf Tablet-PCs, eBook-Readern und Smartphones geeignet. *essentials:* Wissensbausteine aus den Wirtschafts-, Sozial- und Geisteswissenschaften, aus Technik und Naturwissenschaften sowie aus Medizin, Psychologie und Gesundheitsberufen. Von renommierten Autoren aller Springer-Verlagsmarken.

Weitere Bände in der Reihe http://www.springer.com/series/13088

Martin Schaper

Die Europäische Aktiengesellschaft (SE)

Gründungs- und Gestaltungsoptionen

Martin Schaper
Berlin, Deutschland

ISSN 2197-6708 ISSN 2197-6716 (electronic)
essentials
ISBN 978-3-658-20940-7 ISBN 978-3-658-20941-4 (eBook)
https://doi.org/10.1007/978-3-658-20941-4

Die Deutsche Nationalbibliothek verzeichnet diese Publikation in der Deutschen Nationalbibliografie; detaillierte bibliografische Daten sind im Internet über http://dnb.d-nb.de abrufbar.

Springer Gabler

Gedruckt auf säurefreiem und chlorfrei gebleichtem Papier

Check for updates

Springer Gabler ist ein Imprint der eingetragenen Gesellschaft
Springer Fachmedien Wiesbaden GmbH und ist Teil von Springer Nature
Die Anschrift der Gesellschaft ist: Abraham-Lincoln-Str. 46, 65189 Wiesbaden, Germany

Was Sie in diesem *essential* finden können

- Kompakter Überblick über das Recht der SE
- Praktische Hinweise zum Ablauf des SE-Gründungsverfahrens und des Arbeitnehmerbeteiligungsverfahrens
- Übersicht der Corporate-Governance-Struktur in der SE
- Überblick über die Gestaltungsmöglichkeiten im SE-Recht (z. B. Wahl zwischen monistischem und dualistischem System, grenzüberschreitende Sitzverlegung der SE)
- Vergleich der SE mit nationalen, EU-ausländischen und anderen europäischen Rechtsformen
- Zahlreiche Grafiken und Schaubilder zur Veranschaulichung des Inhalts dieses *essentials*

Inhaltsverzeichnis

1 Einleitung 1

2 Gründe für die Wahl einer SE 3

3 Verbreitung der SE in Deutschland und Europa 5

4 Das auf die SE anwendbare Recht 7

5 Corporate Governance in der SE 9
5.1 Leitungs- und Aufsichtsorgane 9
5.1.1 Dualistisches System 10
5.1.2 Monistisches System 12
5.1.3 Unterschiede zwischen dualistischem und monistischem System 14
5.2 Hauptversammlung 15
5.3 Board-Strukturen in der Praxis 16

6 Gründungsvarianten der SE 17
6.1 Numerus clausus der Gründungsvarianten 17
6.2 Allgemeine Bestimmungen für alle Gründungsvarianten 17
6.3 SE-Gründungsvarianten 19
6.3.1 Grenzüberschreitende SE-Verschmelzung 19
6.3.2 SE-Formwechsel 26
6.3.3 Holding-SE 30
6.3.4 Tochter-SE 33
6.3.5 SE-Tochter (Sekundär-Gründung) 35
6.4 Vorrats-SE 37

7 Mitbestimmung in der SE – Das Arbeitnehmerbeteiligungsverfahren . . . 39
7.1 Ablauf des Arbeitnehmerbeteiligungsverfahrens . . . 40
7.1.1 Informationsschreiben und Konstituierung des BVG . . . 40
7.1.2 Nichtaufnahme oder Abbruch der Verhandlungen . . . 42
7.1.3 Verhandlungen zwischen BVG und Unternehmensleitung . . . 42
7.2 Auffangregelungen des SEBG . . . 44
7.3 Mitbestimmungskontinuität und strukturelle Änderungen . . . 45

8 Sitz der SE und Sitzverlegung . . . 47
8.1 Die Wahl des Sitzes . . . 47
8.2 Grenzüberschreitende Sitzverlegung . . . 47
8.3 Alternativen zur SE-Sitzverlegung . . . 49

9 Weitere europäische und EU-ausländische Rechtsformen . . . 51
9.1 Europäische Wirtschaftliche Interessenvereinigung (EWIV) . . . 51
9.2 Europäische Genossenschaft (SCE) . . . 52
9.3 Europäische Einpersonen-GmbH (SUP) . . . 52
9.4 EU-ausländische Rechtsformen . . . 53

Literatur . . . 57

1 Einleitung

Die Europäische Aktiengesellschaft (SE, kurz für *Societas Europaea*) erfreut sich seit ihrer Einführung durch den europäischen Gesetzgeber im Jahr 2004 großer Beliebtheit und insbesondere in Deutschland nehmen die Gründungszahlen dieser europäischen Rechtsform stetig zu. Die Bezeichnung als „Flaggschiff des europäischen Gesellschaftsrechts“[1] bringt treffend zum Ausdruck, dass die SE andere europäische Rechtsformen in den Schatten stellt und mit ihren Vorzügen für viele Unternehmen (insbesondere für große, schnell wachsende, aber auch für mittelständische Unternehmen) eine echte Alternative zu den nationalen Gesellschaftsformen bietet.

Dieses *essential* ist eine Einführung in das Recht der SE. Es beschreibt die wesentlichen Charakteristika der SE, die Gründe für die Wahl dieser vergleichsweise neuen Rechtsform und die zentralen Unterschiede zu den nationalen und sonstigen europäischen Gesellschaftsformen. Ein Schwerpunkt des *essentials* liegt dabei auf dem Gründungsprozess und den Gestaltungsmöglichkeiten, die das SE-Recht eröffnet. Da die Gründung einer SE vergleichsweise komplex ist, werden die (gesetzlich begrenzten) Gründungsvarianten der SE im Einzelnen dargestellt. Daneben eröffnet die SE Gestaltungsmöglichkeiten, die nationalen Rechtsformen in dieser Form nicht offenstehen. Hierzu gehören z. B. die Wahl zwischen monistischer und dualistischer Organisationsstruktur, die maßgeschneiderte Vereinbarung der Unternehmensmitbestimmung oder die Möglichkeit zur grenzüberschreitenden Sitzverlegung mit gleichzeitigem Wechsel des anwendbaren Rechts. Diese und andere die SE prägende Gestaltungsoptionen werden in diesem *essential* beleuchtet.

[1] *Hopt*, EuZW 2012, 481.

M. Schaper, *Die Europäische Aktiengesellschaft (SE)*, essentials,
https://doi.org/10.1007/978-3-658-20941-4_1

2 Gründe für die Wahl einer SE

Die SE weist einige Besonderheiten gegenüber den nationalen Rechtsformen auf, die häufig ausschlaggebend für die Wahl der Europäischen Aktiengesellschaft sind.

- **Positives Image:** Der SE als europäische Rechtsform wird gemeinhin ein positives Image zugeschrieben. Unternehmen wählen die Rechtsform daher, um ihre europäische bzw. internationale Ausrichtung zu unterstreichen.
- **Corporate Governance:** Die SE verfügt über ein flexibles Leitungssystem. Während das deutsche Aktienrecht zwingend ein dualistisches System aus Vorstand und Aufsichtsrat vorsieht, kann in der SE alternativ eine monistische Board-Struktur gewählt werden, bei der die Aufgaben von Vorstand und Aufsichtsrat in einem Verwaltungsorgan gebündelt werden. Diese monistische Struktur ist insbesondere in angelsächsischen Jurisdiktionen verbreitet und fördert daher die Akzeptanz der SE gegenüber Gesellschaftern bzw. Investoren aus diesem Rechtskreis. Bei mittelständischen Unternehmen kann die Möglichkeit der Etablierung eines starken Verwaltungsratsvorsitzenden im monistischen System ein wichtiger Grund für die Wahl der SE sein.[1]
- **Grenzüberschreitende Mobilität:** Die SE kann ihren Sitz grenzüberschreitend in einen anderen Mitgliedstaat verlegen mit der Folge, dass nach der Sitzverlegung das nationale Recht des Zuzugsstaates (subsidiär zum europäischen SE-Recht) auf die SE Anwendung findet (siehe hierzu Kap. 4). Auch wenn durch die Rechtsprechung des EuGH die grenzüberschreitende Mobilität

[1] *Bücker,* ZHR-Beiheft 77, 2015, 203, 208 f.

M. Schaper, *Die Europäische Aktiengesellschaft (SE),* essentials,
https://doi.org/10.1007/978-3-658-20941-4_2

von Gesellschaften gestärkt wurde, gibt es bislang nur für die SE eine europaweit einheitliche Regelung zur grenzüberschreitenden Sitzverlegung und dem damit einhergehenden grenzüberschreitenden Formwechsel (siehe Kap. 8).

- **Flexible Mitbestimmung:** Das Mitbestimmungsrecht in der SE kann in Abstimmung zwischen Unternehmensleitung und Arbeitnehmervertretern an die individuellen Bedürfnisse des jeweiligen Unternehmens angepasst werden. Zum Beispiel kann die Größe des Aufsichtsorgans abweichend von den starren Regelungen des deutschen Mitbestimmungsrechts vereinbart werden. Das Mitbestimmungsniveau kann zudem im Wege der Verhandlungslösung durch einen Vertrag zwischen Arbeitnehmervertretern und Unternehmensleitung vereinbart werden (sog. Beteiligungsvereinbarung). Ist die SE auf Grundlage einer solchen Beteiligungsvereinbarung etabliert, führen nachträgliche Veränderungen der Arbeitnehmerzahlen grundsätzlich nicht zu einer Änderung der Mitbestimmungsregelungen.
- **Internationale Joint Ventures:** Der supranationale Charakter der SE kann auch bei grenzüberschreitenden Zusammenschlüssen oder Joint Ventures nützlich sein, da sich die beteiligten Unternehmen nicht auf eine nationale Rechtsform einigen müssen, sondern eine „neutrale" bzw. europäische Rechtsform wählen können. Möchten bspw. Unternehmen aus unterschiedlichen Mitgliedstaaten eine Joint Venture Gesellschaft gründen, bietet sich die Gründung einer Tochter-SE an (siehe Abschn. 6.3.4).

Neben diesen Aspekten ist bei der Rechtsformwahl allerdings auch zu berücksichtigen, dass das Gründungsverfahren der SE vergleichsweise komplex und zeitintensiv ist. Da die oben aufgeführten Vorteile der SE insbesondere für große und mittelständische Unternehmen von Relevanz sind, entscheiden sich kleine Unternehmen nur selten für die Gründung einer SE.

3 Verbreitung der SE in Deutschland und Europa

In **Deutschland** wurden bislang **über 470 SE-Gründungen** registriert.[1] Nur in Tschechien gab es bislang mehr SE-Gründungen (ca. 2000), wobei es sich aber bei einer Vielzahl der dortigen SE-Gründungen um sog. Vorrats-SE handeln dürfte, die (noch) keine operative Geschäftstätigkeit ausüben (siehe zur Vorrats-SE Abschn. 6.4).

Mit über 15.000 registrierten Aktiengesellschaften in Deutschland ist das innerstaatliche Pendant zur europäischen SE deutlich weiter verbreitet. Allerdings ist zu berücksichtigen, dass die AG eine seit vielen Jahrzehnten etablierte Rechtsform ist und die SE hingegen erst seit Ende 2004 in Deutschland gegründet werden kann. Zudem besteht gerade bei großen bzw. börsennotierten Unternehmen eine gewisse Zurückhaltung gegenüber der Wahl neuer Rechtsformen, die in der Praxis noch nicht erprobt sind. Nach dem sich mit der Strabag SE in Österreich und der Allianz SE in Deutschland aber die ersten großen Unternehmen für die Rechtsform der SE entschieden haben, sind zahlreiche weitere Unternehmen diesem Trend gefolgt.

Mittlerweile haben sich mehrere DAX-, MDAX- und SDAX-Unternehmen für die SE entschieden (darunter z. B. BASF SE, ProSiebenSat.1 Media SE, Vonovia SE, Axel Springer SE, Uniper SE, Puma SE oder Sixt SE). Hinzu kommen mehrere nicht-indexgelistete Börsenunternehmen (z. B. MAN SE, Porsche Automobil Holding SE, XING SE oder windeln.de SE) sowie zahlreiche nicht-börsennotierte Gesellschaften wie UBS Europe SE, LichtBlick SE oder auch Mast-Jägermeister SE.

[1]Für die Gründungszahlen der SE siehe http://ecdb.worker-participation.eu vom European Trade Union Institute (abgerufen am 18. Oktober 2017).

M. Schaper, *Die Europäische Aktiengesellschaft (SE)*, essentials,
https://doi.org/10.1007/978-3-658-20941-4_3

Zudem haben sich diverse Unternehmen mit Sitz **im europäischen Ausland** für die Rechtsform der SE entschieden, z. B. Airbus SE mit Sitz in den Niederlanden oder der französische Luxusgüterkonzern LVMH Moët Hennessy Louis Vuitton SE. Dennoch ist die SE außerhalb Deutschlands weitaus weniger weit verbreitet. Als Grund hierfür werden unterschiedlich große Gestaltungsspielräume im nationalen Mitbestimmungsrecht sowie eine Korrelation zwischen der Größe der Unternehmen und der Zahl der SE in einem Mitgliedstaat angeführt.[2]

Neben etablierten „Old Economy" Unternehmen hat sich die SE in den letzten Jahren auch bei schnell wachsenden und international agierenden **Startups und E-Commerce Unternehmen** als eine echte Alternative zu den nationalen Rechtsformen etabliert (z. B. Zalando SE, Rocket Internet SE und HelloFresh SE).

[2] *Casper,* Spindler/Stilz, AktG, Vor Art. 1 SE-VO, Rn. 23.

4 Das auf die SE anwendbare Recht

Die wichtigste Rechtsquelle des SE-Rechts ist die **SE-VO** (Verordnung (EG) Nr. 2157/2001 des Rates über das Statut der Europäischen Gesellschaft (SE)), die als EU-Verordnung unmittelbare Geltung in den Mitgliedstaaten entfaltet. Nur wo die SE-VO es ausdrücklich zulässt, kann die Satzung der SE von den Bestimmungen der SE-VO abweichen (Art. 9 Abs. 1 lit. b) SE-VO).

Die SE-VO enthält allerdings nur eine sehr lückenhafte Regelung des SE-Rechts und beschränkt sich auf die zentralen Aspekte der Gründung und der Organisationsverfassung. Die SE-VO kann daher mit ihren 70 Artikeln als rechtliches „Gerippe" bezeichnet werden,[1] welches im Übrigen durch nationales Recht ergänzt wird. Hinsichtlich der nicht in der SE-VO geregelten Bereiche verweist die SE-VO auf das nationale Recht des Mitgliedstaates, in dem die SE ihren Sitz hat. Auf Ebene des mitgliedstaatlichen Rechts finden dabei vorrangig die speziellen **SE-Ausführungsgesetze** des jeweiligen „Sitzstaates" Anwendung und erst nachrangig (wenn auch die SE-Ausführungsgesetze keine abschließende Regelung enthalten) das allgemeine Aktienrecht (Art. 9 Abs. 1 lit. c) SE-VO).

Die speziell für die SE geschaffenen Bestimmungen in Deutschland finden sich in dem SE-Ausführungsgesetz **(SEAG)** sowie dem Gesetz über die Beteiligung der Arbeitnehmer in der SE **(SEBG)**. Während das SEAG die gesellschaftsrechtlichen Regelungen zur SE enthält, setzt das SEBG die EU-Richtlinie 2001/86/EG des Rates vom 8. Oktober 2001 hinsichtlich der Beteiligung der Arbeitnehmer in der SE **(SE-RL)** um.

[1] *Schäfer,* NZG 2004, 785, 789.

M. Schaper, *Die Europäische Aktiengesellschaft (SE),* essentials,
https://doi.org/10.1007/978-3-658-20941-4_4

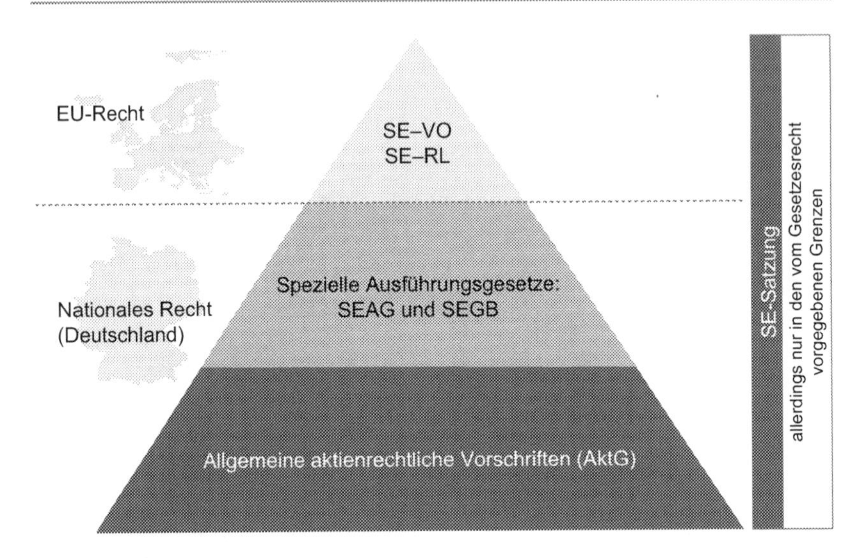

Abb. 4.1 Das auf die SE anwendbare Recht

Das Zusammenspiel von EU-Recht und nationalem Recht hat zur Folge, dass zwar die Bestimmungen der SE-VO auf jede SE Anwendung finden, im Übrigen richtet sich aber das Recht der SE nach dem jeweiligen nationalen Recht des Mitgliedstaates, in dem die SE ihren Sitz hat. Mit der Wahl des Sitzes wird daher eine wichtige Entscheidung für das auf die Gesellschaft anwendbare Recht getroffen. Zugleich führt eine grenzüberschreitende Sitzverlegung zu einer Änderung des anwendbaren nationalen Rechts (zur Sitzverlegung siehe Kap. 8) (vgl. auch Abb. 4.1).

5 Corporate Governance in der SE

5.1 Leitungs- und Aufsichtsorgane

Die **deutsche AG** hat einen **dreigliedrigen Organisationsaufbau** bestehend aus Hauptversammlung, Aufsichtsrat und Vorstand. Die Kompetenzverteilung sieht (stark vereinfacht dargestellt) vor, dass der Vorstand die Geschäfte der Gesellschaft in eigener Verantwortung führt (§ 76 Abs. 1 AktG), der Aufsichtsrat den Vorstand hierbei überwacht (§ 111 Abs. 1 AktG) und die Hauptversammlung über die Struktur- und Grundlagenmaßnahmen der Gesellschaft entscheidet (z. B. über Satzungsänderung oder Auflösung der Gesellschaft, grundsätzlich aber nicht über Geschäftsführungsmaßnahmen). Die Hauptversammlung bestellt zudem die Aufsichtsratsmitglieder und ruft sie ab (sofern nicht im Geltungsbereich des MontanMitbestG, MitbestG oder DrittelbG besondere Wahlverfahren für die Arbeitnehmervertreter im Aufsichtsrat gelten). Die Aufsichtsratsmitglieder wiederum sind für die Bestellung und Abberufung des Vorstands zuständig. Dieser Organisationsaufbau wird als **dualistisches System** (oder auch als Two-Tier-Board) bezeichnet, da die Verwaltung der AG in ein leitendes Organ (Vorstand) und ein überwachendes Organ (Aufsichtsrat) unterteilt ist.

Im Unterschied hierzu sehen insbesondere angelsächsische Rechtsordnungen ein sog. **monistisches System** vor (auch als One-Tier-Board bezeichnet), bei dem die Leitungs- und Überwachungsfunktionen in einem Verwaltungsorgan vereint sind. Es fehlt somit an der für das dualistische System charakteristischen personellen und funktionalen Trennung zwischen Leitungs- und Aufsichtsorgan. Auch beim monistischen Modell gibt es (selbstverständlich) neben dem Verwaltungsorgan die Hauptversammlung der Aktionäre.

M. Schaper, *Die Europäische Aktiengesellschaft (SE)*, essentials,
https://doi.org/10.1007/978-3-658-20941-4_5

Die SE als europäische Rechtsform eröffnet Unternehmen die Wahl zwischen diesen beiden Organisationsverfassungen (Art. 38 SE-VO). Die **Wahlmöglichkeit** zwischen monistischem und dualistischem System besteht nicht nur im Rahmen der SE-Gründung, sondern auch bei einer operativ tätigen SE kann die Organisationsverfassung nachträglich im Wege einer Satzungsänderung adjustiert werden.

5.1.1 Dualistisches System

Die Bestimmungen der Art. 39 bis 42 SE-VO regeln den dualistischen Organisationsaufbau nur sehr rudimentär. Die dadurch entstehenden Regelungslücken werden bei einer SE mit Sitz in Deutschland durch das deutsche Aktienrecht sowie einige Sonderbestimmungen in den §§ 15 bis 19 SEAG gefüllt,[1] sodass die dualistisch aufgebaute „deutsche" SE weitgehend der deutschen AG entspricht.

5.1.1.1 Leitungsorgan der dualistischen SE

Das Leitungsorgan der dualistischen SE ähnelt weitgehend dem Vorstand der AG, d. h. die Mitglieder des Leitungsorgans werden **vom Aufsichtsorgan bestellt** und abberufen, sie führen die Geschäfte der SE in eigener Verantwortung und vertreten die SE nach außen. Hinsichtlich der Vertretung gilt der **Grundsatz der Gesamtvertretung**, d. h. die Mitglieder eines mehrköpfigen Leitungsorgans sind grundsätzlich nur gemeinschaftlich zur Vertretung berechtigt (§ 78 Abs. 2 S. 1 AktG i. V. m. Art. 9 Abs. 1 lit. c) ii) SE-VO).[2] **Eigenverantwortlichkeit der Geschäftsführung** bedeutet, dass das Leitungsorgan grundsätzlich keinen Weisungen des Aufsichtsorgans oder der Hauptversammlung unterliegt.[3] Ist die dualistische SE entweder mitbestimmt (gehört ihrem Aufsichtsorgan also mindestens ein Arbeitnehmervertreter an) oder ist sie börsennotiert (oder beides), hat das Leitungsorgan (ebenso wie in der AG) Frauenzielquoten in den beiden Führungsebenen unterhalb des Vorstands festzulegen (§ 76 Abs. 4 S. 1 AktG i. V. m. Art. 9 Abs. 1 lit. c) ii) SE-VO).

---

[1]Eine umfassende Regelung des dualistischen Systems für die SE wäre in Deutschland nach Art. 39 Abs. 5 SE-VO unzulässig; privilegierende Vorschriften für die dualistische SE in Deutschland sind nur zulässig, sofern die SE-VO ausdrücklich eine entsprechende Ermächtigung vorsieht, vgl. *Seibt,* Habersack/Drinhausen, SE-Recht, Art. 39 SE-VO, Rn. 44.

[2]Die Satzung kann eine vom Grundsatz der Gesamtvertretung abweichende Regelung vorsehen.

[3]Hierzu ausführlich *Seibt,* Habersack/Drinhausen, SE-Recht, Art. 39 SE-VO, Rn. 6.

5.1.1.2 Aufsichtsorgan der dualistischen SE

Personell und funktional ist das Aufsichtsorgan streng vom Leitungsorgan zu trennen. Das Aufsichtsorgan **überwacht die Geschäftsführung** des Leitungsorgans auf Rechtmäßigkeit, Zweckmäßigkeit und Wirtschaftlichkeit, wobei diese Überwachung nicht auf vergangene Sachverhalte beschränkt ist, sondern auch gegenwärtiges und zukünftiges Handeln des Leitungsorgans umfasst. Ein wesentliches Instrument zur Überwachung sind die **Zustimmungsvorbehalte** (vgl. Art. 48 SE-VO), wodurch die Vornahme bestimmter Arten von Geschäften durch das Leitungsorgan von der Zustimmung des Aufsichtsorgans abhängig gemacht werden kann.

Die Mitglieder des Aufsichtsorgans werden grundsätzlich **von der Hauptversammlung gewählt** oder von Aktionären aufgrund von in der Satzung verankerten **Entsendungsrechten** bestellt (Art. 40 Abs. 2 SE-VO, Art. 47 Abs. 4 SE-VO i. V. m. § 101 Abs. 2 AktG).[4] In der mitbestimmten SE richtet sich die Zusammensetzung hingegen in erster Linie nach der zwischen dem besonderen Verhandlungsgremium der Arbeitnehmer und der Unternehmensleitung ausgehandelten **Beteiligungsvereinbarung** oder der gesetzlichen Auffangregelung (siehe Kap. 7). Ist die SE entweder mitbestimmt *oder* ist sie börsennotiert, muss das Aufsichtsorgan eine Zielgröße für weibliche Mitglieder im Aufsichtsorgan und im Leitungsorgan festlegen (Art. 9 Abs. 1 lit. c ii) i. V. m. § 111 Abs. 5 S. 1 AktG). Bei der paritätisch mitbestimmten *und* börsennotierten SE müssen zudem gemäß § 17 Abs. 2 SEAG Frauen und Männer jeweils mit einem Anteil von mindestens 30 % vertreten sein (dies entspricht der Geschlechterquote in der AG, § 96 Abs. 2 S. 1 AktG).

5.1.1.3 Unterschiede zur AG

Trotz der Gemeinsamkeiten zwischen AG und dualistischer SE lässt sich eine Reihe von Unterschieden ausmachen, von denen im Folgenden einige Wesentliche genannt sind:

- Das Prinzip der **Gesamtgeschäftsführung** in der AG (§ 77 Abs. 1 S. 1 AktG) wird in der SE durch Art. 50 Abs. 1 SE-VO modifiziert: Während der Vorstand in der AG seine Entscheidungen grundsätzlich einstimmig fassen muss, gilt in der SE das Mehrheitsprinzip. Sowohl in der AG als auch in der SE sind diese Regelungen dispositiv, jedoch mit dem Unterschied, dass in der AG die abwei-

[4] *Seibt,* Habersack/Drinhausen, SE-Recht, Art. 40 SE-VO, Rn. 37.

chenden Regelungen sowohl in der Satzung als auch einer Geschäftsordnung geregelt werden können,[5] während in der SE nur eine Modifikation mittels Satzungsregelung möglich ist.[6]

- Im Gegensatz zur Satzung einer AG muss die Satzung einer deutschen SE zwingend die **Amtszeit für Organmitglieder** festlegen, wobei es genügt, dass eine Regelung zur Höchstdauer getroffen und die konkrete Bestelldauer dem jeweils zuständigen Organ überlassen wird.[7] Mit einer Höchstdauer von 6 Jahren liegt die maximale Bestelldauer zudem über der maximalen Amtszeit für Vorstands- und Aufsichtsratsmitglieder in der AG.
- Die Satzung einer deutschen SE muss zwingend **Zustimmungsvorbehalte** des Aufsichtsorgans enthalten (Art. 48 Abs. 1 SE-VO). Während in der AG der Satzungsgeber und/oder der Aufsichtsrat darüber entscheiden, ob Zustimmungsvorbehalte in der Satzung und/oder in der Geschäftsordnung geschaffen werden, ist in der SE der Satzungsgeber zur Schaffung solcher Zustimmungsvorbehalte in der SE-Satzung verpflichtet. Darüber hinaus kann das Aufsichtsorgan nach § 19 SEAG weitere Zustimmungsvorbehalte (z. B. in einer Geschäftsordnung) schaffen.

5.1.2 Monistisches System

Die monistische SE verfügt über nur ein Verwaltungsorgan, welches bei der deutschen SE als „Verwaltungsrat" bezeichnet wird (§ 20 SEAG). Die Grundkonzeption des monistischen Systems in der SE ist vergleichbar mit der Board-Struktur diverser angelsächsischer Rechtsordnungen.

Da das deutsche Aktienrecht eine monistische Unternehmensstruktur nicht kennt, hat der deutsche Gesetzgeber von der Regelungsermächtigung in Art. 43 Abs. 4 SE-VO ausgiebig Gebrauch gemacht und mit den **§§ 20 bis 49 SEAG** eine detaillierte Regelung des monistischen Systems geschaffen, welche die entsprechenden aktienrechtlichen Regelungen für das dualistische System in den §§ 76 bis 116 AktG verdrängen.

---

[5]*Spindler,* MünchKomm, AktG, § 77, Rn. 11.

[6]*Drinhausen,* Habersack/Drinhausen, SE-Recht, Art. 50 SE-VO, Rn. 4.

[7]*Reichert/Brandes,* MünchKomm, AktG, Art. 46 SE-VO, Rn. 3.

5.1.2.1 Verwaltungsrat der monistischen SE

Der Verwaltungsrat leitet die Gesellschaft, bestimmt die Grundlinien ihrer Tätigkeit und überwacht deren Umsetzung (§ 22 Abs. 1 SEAG). Damit vereinen sich im Verwaltungsrat die Aufgaben, die in der dualistischen SE auf Leitungs- und Aufsichtsorgan verteilt sind. Die funktionale Zuweisung von **Leitungs- und Überwachungsaufgaben** innerhalb des Verwaltungsrats erfolgt durch die interne Geschäftsverteilung.

Die Leitung der Gesellschaft obliegt dem Verwaltungsrat als nicht entziehbare und nicht delegierbare Aufgabe.[8] Mit **Leitung** sind die grundlegenden Grundsatzentscheidungen und die zu ihrer Umsetzung erforderlichen Maßnahmen gemeint.[9] Der Verwaltungsrat steht dabei gleichberechtigt neben der Hauptversammlung und ist nicht deren Weisungen unterworfen.[10]

Nach dem gesetzlichen Regelfall besteht der Verwaltungsrat aus drei Personen, wobei hiervon – innerhalb der Grenzen des § 23 SEAG (Mindest- und Höchstzahl der Mitglieder in Abhängigkeit der Grundkapitalziffer) – durch Satzungsregelung abgewichen werden kann. Hinsichtlich der **Zusammensetzung** gilt das für das Aufsichtsorgan im dualistischem System Gesagte entsprechend, d. h. grundsätzlich erfolgt die Bestellung durch die Hauptversammlung oder über Entsendungsrechte einzelner Aktionäre (Art. 43 SE-VO, § 28 SEAG, § 101 Abs. 2 AktG), im Fall der mitbestimmten SE richtet sich die Zusammensetzung hingegen primär nach der Beteiligungsvereinbarung oder der gesetzlichen Auffangregelung (siehe Kap. 7).

Bei der paritätisch besetzten *und* börsennotierten SE müssen zudem gemäß § 24 Abs. 3 SEAG Frauen und Männer jeweils mit einem Anteil von mindestens 30 % vertreten sein (dies entspricht der Geschlechterquote im Aufsichtsorgan der dualistischen SE und in der AG, siehe Abschn. 5.1.1.2). Ist die SE mitbestimmt *oder* börsennotiert, hat der Verwaltungsrat Zielgrößen für den Frauenanteil im Verwaltungsrat (sofern nicht bereits die zwingende Quotenregelung des § 24 Abs. 3 SEAG greift) und für die beiden Führungsebenen unterhalb des Verwaltungsrats festzulegen[11] – damit treffen den Verwaltungsrat insoweit kumuliert die Pflichten, die in der AG bzw. dualistischen SE den Aufsichtsrat und Vorstand treffen.

---

[8] *Verse*, Habersack/Drinhausen, SE-Recht, § 22 SEAG, Rn. 5.

[9] Insoweit können die Grundsätze zu § 76 AktG herangezogen werden, *Eberspächer*, Spindler/Stilz, AktG, Art. 43 SE-VO, Rn. 10.

[10] *Reichert/Brandes*, MünchKomm, AktG, Art. 43 SE-VO Rn. 9.

[11] So die h.M.: *Eberspächer*, Spindler/Stilz, AktG, Art. 38 SE-VO, Rn. 21; *Verse*, Habersack/Drinhausen, SE-Recht, § 24 SEAG, Rn. 10 ff.

5.1.2.2 Geschäftsführende Direktoren der monistischen SE

Von der Leitungskompetenz des Verwaltungsrats ist die **Geschäftsführungskompetenz** zu unterscheiden. Geschäftsführung beschränkt sich dabei nicht auf die alltäglichen und regelmäßig wiederkehrenden Aufgaben, sondern umfasst sämtliche Geschäfte der Gesellschaft, sofern diese nicht aufgrund ihrer weitreichenden Bedeutung für die Gesellschaft als Leitungsaufgabe zu qualifizieren sind.[12]

Diese Unterscheidung zwischen Leitungs- und Geschäftsführungskompetenz ist von besonderer Bedeutung, da die Geschäftsführung in der monistischen SE nicht dem Verwaltungsrat obliegt, sondern primär den vom Verwaltungsrat zu bestellenden geschäftsführenden Direktoren (§ 40 SEAG). Allerdings bleibt dem Verwaltungsrat die Möglichkeit, den geschäftsführenden Direktoren Vorgaben hinsichtlich der Geschäftsführung zu machen (solange den geschäftsführenden Direktoren ein Kernbereich der Geschäftsführungstätigkeit verbleibt), im Einzelfall **Weisungen** zu erteilen und sogar selbst einzelne Geschäftsführungsmaßnahmen durchzuführen.[13]

Geschäftsführende Direktoren können entweder Mitglieder des Verwaltungsrats sein (sofern die Mehrheit der Mitglieder des Verwaltungsrats weiterhin aus nicht geschäftsführenden Direktoren besteht) oder externe Dritte.

Die geschäftsführenden Direktoren sind auch **vertretungsbefugt**, d. h. sie vertreten die SE sowohl gerichtlich als auch außergerichtlich (§ 41 SEAG). Die Vertretungsmacht der geschäftsführenden Direktoren ist im Außenverhältnis nicht beschränkbar (§ 44 Abs. 1 SEAG), im Innenverhältnis sind hingegen Beschränkungen möglich (z. B. durch Satzung, Geschäftsordnung oder den Verwaltungsrat).

5.1.3 Unterschiede zwischen dualistischem und monistischem System

Da die geschäftsführenden Direktoren durch das SEAG mit weitreichenden Geschäftsführungskompetenzen ausgestattet sind, wird in dem deutschen monistischen SE–Modell zum Teil ein **verdeckter Dualismus** gesehen.[14] Gleichwohl

---

[12]So die h.M.: *Teichmann*, Lutter/Hommelhoff/Teichmann, SE-Kommentar, Art. 43 SE-VO, Rn. 13, 15.

[13]*Eberspächer*, Spindler/Stilz, AktG, Art. 38 SE-VO, Rn. 21.

[14]*DAV*, NZG 2004, 75, 82.

bestehen nennenswerte **Unterschiede** zwischen dem monistischen Modell der deutschen SE und dem dualistischen System:[15]

- Der Verwaltungsrat nimmt die Rolle des obersten Leitungsorgans ein, welches Grundsatzentscheidungen im Unternehmen trifft und den geschäftsführenden Direktoren Weisungen erteilen kann (§ 44 Abs. 2 SEAG). Geschäftsführende Direktoren sind dem Verwaltungsrat somit **hierarchisch untergeordnet**.[16] Ein solches Weisungsrecht besteht im dualistischen System gerade nicht, dort ist das Aufsichtsorgan auf Zustimmungsvorbehalte beschränkt, durch die zwar gewisse Maßnahmen untersagt werden können, aber (zumindest nach dem Leitbild des Gesetzes) deutlich weniger gestalterisch in die Unternehmensplanung eingegriffen werden kann.
- Das dualistische Modell sieht eine **strikte personelle Trennung** zwischen Leitungs- und Aufsichtsorgan vor. Diese Trennung ist im monistischen System dadurch aufgeweicht, dass Verwaltungsratsmitglieder zugleich geschäftsführende Direktoren sein können, sofern die Mehrheit des Verwaltungsrats weiterhin aus nicht geschäftsführenden Direktoren besteht (§ 40 Abs. 1 S. 2 SEAG).
- Die **unternehmerische Mitbestimmung** in der monistischen SE erlaubt im Vergleich zum dualistischen System größere Einflussmöglichkeiten der Arbeitnehmer auf die Unternehmensführung, denn die Arbeitnehmervertreter sind nicht „nur" im Kontrollorgan der SE vertreten, sondern im obersten Leitungsorgan mit entsprechend weitreichenden Kompetenzen. Umgekehrt bedeuten die Einflussmöglichkeiten der Arbeitnehmervertreter auf die Geschäftsführung ein erhöhtes Maß an Verantwortung, wodurch sie auch erhöhten Haftungsrisiken ausgesetzt sind.[17]

5.2 Hauptversammlung

Die Entscheidung für das monistische oder dualistische System hat unmittelbar keinen Einfluss auf die Hauptversammlung, sie besteht mit grundsätzlich denselben Zuständigkeiten entweder neben dem Verwaltungsrat oder neben dem Leitungs- und Aufsichtsorgan. Ihre Stellung wird im monistischen Modell allerdings

[15]Vgl. auch *Teichmann,* Lutter/Hommelhoff/Teichmann, SE-Kommentar, Anh. Art. 43 SE-VO (§ 22 SEAG), Rn. 2; *Verse,* Habersack/Drinhausen, SE-Recht, Vor § 20 SEAG, Rn. 4.

[16]*Reichert/Brandes,* MünchKomm, AktG, Art. 43 SE-VO, Rn. 13-14.

[17]*Gruber/Weller,* NZG 2003, 297, 299 f.

dadurch aufgewertet, dass sie unmittelbar für die Bestellung der Mitglieder des Verwaltungsorgans zuständig ist, während diese Zuständigkeit im dualistischen Modell durch das Aufsichtsorgan mediatisiert wird.

5.3 Board-Strukturen in der Praxis

Die **überwiegende Anzahl** der SE in Deutschland ist **dualistisch** strukturiert.[18] Dies dürfte zum einen darauf zurückzuführen sein, dass die dualistische Struktur in Deutschland seit Jahrzehnten bekannt und etabliert ist und es ausdifferenzierte Rechtsprechung zu zahlreichen aktienrechtlichen Corporate Governance Fragen gibt, die sich nicht oder nur bedingt auf die monistische SE-Struktur übertragen lässt. Zum anderen wird das Mitbestimmungsrecht der Arbeitnehmer in der monistischen SE derart weit ausgeweitet, dass einige Autoren im Schrifttum sogar die verfassungsrechtlichen Vorgaben zum Schutz des Aktieneigentums (Art. 14 Abs. 1 GG) verletzt sehen.[19] Die bislang einzige mitbestimmte monistische SE ist die Puma SE – ihr Verwaltungsrat ist zu einem Drittel mit Arbeitnehmervertretern besetzt.[20]

Die **monistische Struktur** bietet allerdings insbesondere für **mittelständische Unternehmen** und **Familienunternehmen** eine interessante Option, da der Firmengründer selbst geschäftsführender Direktor und zugleich Vorsitzender des Verwaltungsrates sein kann.[21] Zahlreiche bedeutende Unternehmen haben sich mittlerweile für die monistische Struktur entschieden, z. B. Escada SE oder LichtBlick SE. Bei börsennotierten Unternehmen in Deutschland ist die monistische Struktur hingegen bislang die Ausnahme.

[18]Laut einer Erhebung der Hans Böckler Stiftung (Stichtag 1. Juli 2017) sind etwa 1/3 der operativ tätigen SE in Deutschland monistisch und 2/3 der SE dualistisch organisiert, vgl. https://www.boeckler.de/pdf/pb_mitbestimmung_se_2017_6.pdf. (abgerufen am 18. Oktober 2017).

[19]Vgl. *Kämmerer/Veil*, ZIP 2005, 372; *Jacobs*, MünchKomm, AktG, § 35 SEBG, Rn. 17 ff.

[20]Erhebung der Hans Böckler Stiftung (s. o.).

[21]*Casper*, Spindler/Stilz, AktG, Vor Art. 1 SE-VO, Rn. 23.

Gründungsvarianten der SE

6

6.1 Numerus clausus der Gründungsvarianten

Die Möglichkeiten zur Gründung einer SE sind durch den ***numerus clausus*** in Art. 2 SE-VO auf vier Gründungsvarianten begrenzt:

- Grenzüberschreitende Verschmelzung (Art. 2 Abs. 1 SE-VO, siehe Abschn. 6.3.1)
- Gründung einer Holding-SE (Art. 2 Abs. 2 SE-VO, siehe Abschn. 6.3.3)
- Gründung einer Tochter-SE (Art. 2 Abs. 3 SE-VO, siehe Abschn. 6.3.4)
- Formwechsel (Art. 2 Abs. 4 SE-VO, siehe Abschn. 6.3.2)

In all diesen Varianten kann eine SE nicht von einer oder mehreren natürlichen Personen, sondern nur durch bestehende Gesellschaften gegründet werden.

Als weitere (sog. sekundäre) Gründungsvariante sieht Art. 3 Abs. 2 SE-VO vor, dass eine bereits bestehende SE eine SE-Tochter gründen kann (siehe Abschn. 6.3.5).

6.2 Allgemeine Bestimmungen für alle Gründungsvarianten

Einige allgemeine Gründungsanforderungen sind bei allen Gründungsvarianten zu beachten:

- **Satzungs- und Verwaltungssitz** der an der SE-Gründung beteiligten Gesellschaften müssen innerhalb der EU liegen (wobei diese beiden Sitze jeder

M. Schaper, *Die Europäische Aktiengesellschaft (SE)*, essentials,
https://doi.org/10.1007/978-3-658-20941-4_6

Gründungsgesellschaft grundsätzlich in verschiedenen Mitgliedstaaten liegen können).[1]

- Auch der **Sitz der SE** muss in einem Mitgliedstaat liegen (zum Sitz der SE siehe Kap. 8).
- **Nur bestimmte Rechtsformen** können sich an der Gründung einer SE beteiligen (wobei der Kreis der zulässigen Rechtsformen wiederum von der jeweiligen Gründungsvariante abhängt). Die einzige Rechtsform, der alle Gründungsvarianten offenstehen, sind die AG und ihre mitgliedstaatlichen „Pendants" (z. B. die niederländische N. V.).
- Für die SE-Gründung ist ein grenzüberschreitendes Element erforderlich, wobei die Anforderungen an dieses **Mehrstaatlichkeitserfordernis** bei jeder Gründungsvariante unterschiedlich streng ausgestaltet sind. Bei der (Sekundär-)Gründung einer SE-Tochter durch eine bestehende SE ist ein solches grenzüberschreitendes Element hingegen keine Voraussetzung.
- Die SE muss über ein **Mindestkapital** von EUR 120.000 verfügen (Art. 4 Abs. 2 SE-VO). Damit liegt die Mindestkapitalziffer der SE deutlich über dem Mindest-Stammkapital der GmbH (EUR 25.000) und dem Mindest-Grundkapital der AG (EUR 50.000). Die Höhe des Mindestkapitals ist maßgeblich dafür, in welchem Umfang die Kapitalaufbringungs- und Kapitalerhaltungsvorschriften Anwendung finden, und soll Gewähr dafür bieten, dass die SE über eine ausreichende Vermögensgrundlage verfügt;[2] über den tatsächlichen Kapitalbedarf der Gesellschaft sagt die Mindestkapitalziffer hingegen nichts aus.[3]
- Grundsätzlich ist ein **Verfahren zur Beteiligung der Arbeitnehmer durchzuführen.**[4] Die Unternehmensleitungen verhandeln hierbei mit einem zu diesem Zweck gebildeten besonderen Verhandlungsgremium der Arbeitnehmer, um eine Vereinbarung über die Beteiligungsrechte der Arbeitnehmer im Aufsichts- bzw. Verwaltungsorgan sowie im SE-Betriebsrat abzuschließen (siehe Kap. 7).

---

[1]Von der Option in Art. 2 Abs. 5 SE-VO hat Deutschland (bislang) keinen Gebrauch gemacht, kritisch hierzu *Veil,* KölnKomm, AktG, Art. 2 SE-VO, Rn. 48.

[2]Vgl. dazu *Schwarz,* SE-VO, 2006, Art. 4 SE-VO, Rn. 1 ff.

[3]Zur Kritik siehe *Eidenmüller,* ZGR 2007, 168, 182 ff.

[4]Ob dies auch bei der (Sekundär-)Gründung einer SE-Tochter erforderlich ist, ist umstritten, siehe Abschn. 6.3.5.

6.3 SE-Gründungsvarianten

Der Gründungsprozess lässt sich in allen Gründungsvarianten in drei Phasen unterteilen:

- In der **Planungsphase** steht die konzeptionelle Arbeit im Vordergrund. Es wird analysiert, welche Gründungsvariante umsetzbar und zur Erreichung der Zielstruktur sinnvoll ist, wobei neben den Anforderungen der SE-VO auch z. B. regulatorische und steuerrechtliche Überlegungen zu berücksichtigen sind. Zudem werden die wesentlichen Eckpunkte der künftigen SE festgelegt (Sitz der SE, Leitungssystem, Besetzung der Organe etc.). Üblicherweise fassen die Leitungsorgane der Gründungsgesellschaften auch einen Grundsatzbeschluss, der den Beginn des Gründungsprozesses darstellt.
- In der **Vorbereitungsphase** wird auf Basis der konzeptionellen Vorarbeit die Gründungsdokumentation entworfen und das Arbeitnehmerbeteiligungsverfahren angestoßen. Es ist empfehlenswert, die Gründungsdokumentation in dieser Phase eng mit dem zuständigen Registerrichter abzustimmen, um etwaige Eintragungshindernisse frühzeitig auszuräumen und Verzögerungen im Prozess zu vermeiden.
- In der **Gründungs- und Vollzugsphase** werden auf Basis der Gründungsdokumente die notwendigen Beschlüsse gefasst, das Arbeitnehmerbeteiligungsverfahren abgeschlossen, die erforderlichen Dokumente und Anmeldungen beim Handelsregister eingereicht und schließlich wird die Gründung der SE im Handelsregister eingetragen.

6.3.1 Grenzüberschreitende SE-Verschmelzung

6.3.1.1 Überblick – Charakteristika

Eine grenzüberschreitende SE-Verschmelzung kann durch zwei oder mehr Aktiengesellschaften erfolgen, wobei mindestens zwei dieser Gesellschaften dem Recht verschiedener Mitgliedstaaten unterliegen müssen (z. B. deutsche AG und niederländische N. V.). Es ist zulässig, speziell für Zwecke der SE-Verschmelzung eine Vorrats-Aktiengesellschaft zu erwerben.

Bei der **grenzüberschreitenden SE-Verschmelzung zur Aufnahme** (Art. 17 Abs. 2 lit. a) SE-VO) i) geht das gesamte Aktiv- und Passivvermögen der übertragenden Rechtsträger auf die aufnehmende Gesellschaft über (Gesamtrechtsnachfolge), ii) die Aktionäre der übertragenden Rechtsträger werden zu Aktionären

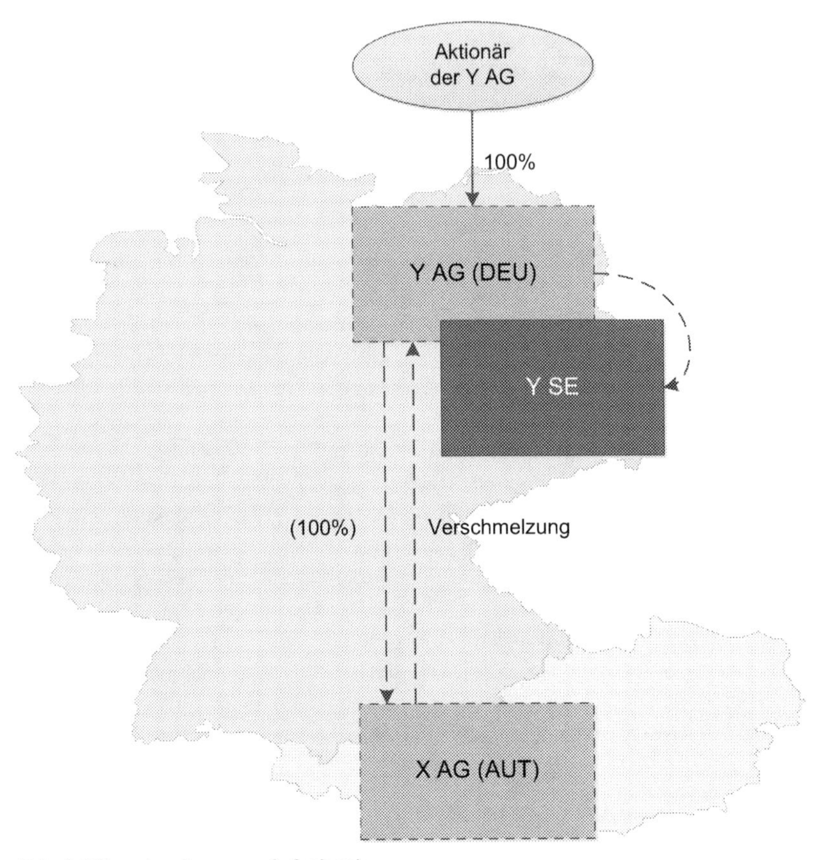

Beispiel (Verschmelzung zur Aufnahme):
Die österreichische X AG wird grenzüberschreitend (*upstream*) auf ihre deutsche Muttergesellschaft (Y AG) verschmolzen. Durch die Verschmelzung gehen die Aktiva und Passiva der X AG im Wege der Gesamtrechtsnachfolge auf die Y AG über und die Y AG wird im Zuge der SE Verschmelzung in eine SE umgewandelt. Nach der Verschmelzung erlischt die X AG.

Abb. 6.1 Verschmelzung zur Aufnahme

des aufnehmenden Rechtsträgers, iii) die übertragenden Gesellschaften erlöschen und iv) die aufnehmende Gesellschaft nimmt die Rechtsform der SE an (vgl. Abb. 6.1). Insofern hat die grenzüberschreitende SE-Verschmelzung zur Aufnahme (anders als die Verschmelzung nach deutschem Umwandlungsrecht) ein formwechselndes Element, da die aufnehmende Gesellschaft eine andere Rechtsform annimmt.

Bei der **Verschmelzung zur Neugründung** (Art. 17 Abs. 2 lit. b) SE-VO) übertragen die beteiligten Rechtsträger ihr Aktiv- und Passivvermögen hingegen nicht auf eine der Gründungsgesellschaften, sondern auf einen im Zuge des Gründungsvorgangs neu entstehenden Rechtsträger (die SE) (vgl. Abb. 6.2).

Ein vereinfachtes Verfahren findet auf die *upstream*-Verschmelzung einer 100 %-Tochtergesellschaft auf ihre Muttergesellschaft Anwendung (Art. 31 SE-VO), bei der auf verschiedene Maßnahmen verzichtet werden kann und auch keine Ausgabe von Anteilen erforderlich ist.

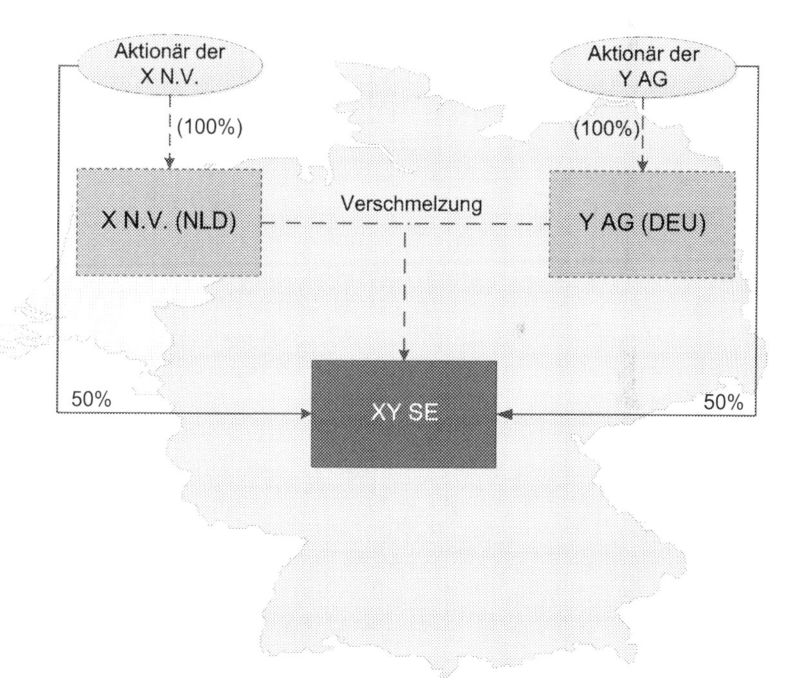

Beispiel (Verschmelzung zur Neugründung):
Die niederländische X N.V. und die deutsche Y AG werden miteinander verschmolzen.
Durch die grenzüberschreitende SE-Verschmelzung gehen die Aktiva und Passiva der X N.V. und der Y AG im Wege der Gesamtrechtsnachfolge jeweils auf die neu entstehende XY SE über und die X N.V. und Y AG erlöschen.
Das Beispiel geht davon aus, dass die Unternehmenswerte der X N.V. und der Y AG identisch sind und die Aktionäre der beiden Gesellschaften nach der Verschmelzung zu jeweils 50% an der XY SE beteiligt sind.

Abb. 6.2 Verschmelzung zur Neugründung

Mit Blick auf das Arbeitnehmerbeteiligungsverfahren und die Beteiligungsvereinbarung besteht im Gegensatz zum SE-Formwechsel (siehe Abschn. 6.3.2) mehr Gestaltungsspielraum (siehe Kap. 7).

6.3.1.2 Vorbereitungsphase

6.3.1.2.1 Aufstellung des Verschmelzungsplans

Die Vertretungsorgane der Gründungsgesellschaften stellen einen gemeinsamen **Verschmelzungsplan** auf, Art. 20 SE-VO. Dieser Verschmelzungsplan ist das Kerndokument der SE-Verschmelzung. Umstritten ist, ob anstatt eines gemeinsamen Verschmelzungsplans jede Gesellschaft einen identischen Verschmelzungsplan aufstellen kann – dies wird überwiegend bejaht.[5]

Der notwendige **Inhalt** des Plans ergibt sich aus Art. 20 Abs. 1 S. 2 SE-VO – hierzu gehören u. a. Firma und Sitz der sich verschmelzenden Rechtsträger und der SE, das Umtauschverhältnis der Aktien, etwaige Sonderrechte, die Satzung der SE sowie Angaben zum Arbeitnehmerbeteiligungsverfahren. Jedenfalls wenn eine deutsche Gesellschaft an der Gründung beteiligt ist, ist der Verschmelzungsplan (einschließlich der dem Verschmelzungsplan beigefügten SE-Satzung) zu beurkunden (vgl. Art. 18 SE-VO i. V. m. § 6 UmwG).[6]

Sofern in den beteiligten Rechtsträgern **Betriebsräte** eingerichtet sind, ist der Verschmelzungsplan mindestens einen Monat vor der die Verschmelzung beschließenden Hauptversammlung an die Betriebsräte zu leiten, Art. 18 SE-VO i.V.m. § 5 Abs. 3 UmwG.

6.3.1.2.2 Erstellen eines Verschmelzungsberichts

Die Vertretungsorgane der an der Verschmelzung beteiligten deutschen Rechtsträger erstellen zudem einen **Verschmelzungsbericht** (dies folgt zwar nicht unmittelbar aus der SE-VO, für deutsche Gesellschaften aber aus Art. 18 SE-VO i. V. m. § 8 UmwG). In dem Verschmelzungsbericht werden die Aktionäre über den Verschmelzungsplan, das Umtauschverhältnis, das Barabfindungsangebot[7] sowie die Verschmelzung als solche in rechtlicher und wirtschaftlicher Hinsicht informiert.

Im Fall einer *upstream*-Verschmelzung nach Art. 31 Abs. 1 SE-VO ist der Verschmelzungsbericht **entbehrlich**. Außerdem können sämtliche Anteilseigner der

---

[5]*Hörtnagl,* Schmitt/Hörtnagl/Stratz, UmwG/UmwStG, Art. 20 SE-VO, Rn. 3 m. w. N.

[6]*Marsch-Barner,* Habersack/Drinhausen, SE-Recht, Art. 20 SE-VO, Rn. 5.

[7]Siehe § 7 SEAG, wonach den der Verschmelzung widersprechenden Aktionären ein Barabfindungsangebot zu unterbreiten ist, falls der Sitz der SE im Ausland liegen wird.

deutschen Gesellschaft (in notariell beurkundeter Form) wirksam auf den Bericht **verzichten** (Art. 18 SE-VO i. V. m. § 8 Abs. 3 S. 1 Alt. 1 UmwG).

6.3.1.2.3 Aufstellen einer Schlussbilanz

Ist eine deutsche AG als übertragender Rechtsträger an der SE-Verschmelzung beteiligt, hat diese eine **Schlussbilanz** aufzustellen, Art. 18 SE-VO i. V. m. § 17 Abs. 2 UmwG.

Die Schlussbilanz darf im Zeitpunkt der Anmeldung der Verschmelzung zum Handelsregister nicht älter als acht Monate sein. Um die Bilanz des letzten Geschäftsjahres für die Verschmelzung zu verwenden (und keine separate Schlussbilanz aufstellen zu müssen), werden in der Praxis Verschmelzungen regelmäßig in den ersten acht Monaten eines Geschäftsjahres zum Handelsregister angemeldet.

6.3.1.2.4 Verschmelzungsprüfung

Der Verschmelzungsplan (dort insbesondere das Umtauschverhältnis und ggf. das Barabfindungsangebot) ist einer **Verschmelzungsprüfung** durch einen unabhängigen Sachverständigen (Wirtschaftsprüfer) zu unterziehen, Art. 22 SE-VO, Art. 18 SE-VO i. V. m. §§ 9 ff., 60, 73 UmwG.

Auch dies ist im Fall einer *upstream*-Verschmelzung einer 100 %-igen Tochter- auf ihre Muttergesellschaft **entbehrlich**. Zudem können sämtliche Anteilseigner der deutschen Gesellschaft (in notariell beurkundeter Form) auf die Prüfung **verzichten**.

6.3.1.2.5 Einberufung der Hauptversammlung/Mitteilung nach Art. 21 SE-VO

Die **Einberufung zur Hauptversammlung**, die über die SE-Verschmelzung beschließen soll, muss bei einer deutschen AG 30 Tage vor dem Versammlungstag erfolgen (§ 123 Abs. 1 AktG). Vor der Einberufung (also vor Beginn der 30-Tagesfrist) sind der Verschmelzungsplan (oder dessen Entwurf) und die Mitteilung nach Art. 21 SE-VO beim Registergereicht einzureichen. Mit Blick auf die europarechtlichen Vorgaben für eine grenzüberschreitende Verschmelzung wird für die Praxis vorsorglich die Einhaltung einer Monatsfrist empfohlen.[8]

Die **Mitteilung nach Art. 21 SE-VO** enthält Angaben zu den sich verschmelzenden Gesellschaften und zur SE sowie Hinweise zu den Rechten der Gläubiger und der Minderheitsaktionäre. Das Handelsregister veröffentlicht die Mitteilung sowie einen Hinweis auf die Einreichung des Verschmelzungsplans.

[8] *Schäfer*, MünchKomm, AktG, Art. 21 SE-VO, Rn. 10.

Im Fall einer **Vollversammlung**, also einer Hauptversammlung, bei der alle Aktionäre erschienen oder vertreten sind, bedarf es nach § 121 Abs. 6 AktG keiner Einberufung, sodass in diesem Fall die Einreichung der Mitteilung nach Art. 21 SE-VO zum Handelsregister vor dem Versammlungstag genügt.[9]

6.3.1.2.6 Vorbereitung und Einleitung des Arbeitnehmerbeteiligungsverfahrens

Siehe hierzu Abschn. 7.1.

6.3.1.3 Gründungs- und Vollzugsphase

6.3.1.3.1 Zustimmung der Hauptversammlung

Die Hauptversammlung jeder der sich verschmelzenden Gesellschaften hat dem Verschmelzungsplan zuzustimmen (Art. 23 Abs. 1 SE-VO). Im Fall einer deutschen AG ist gemäß Art. 18 SE-VO i. V. m. § 65 Abs. 1 S. 1 UmwG hierfür mindestens eine **Dreiviertelmehrheit** erforderlich. Der Beschluss ist notariell zu beurkunden.

Mit dem **Zustimmungsbeschluss** können **weitere Beschlussgegenstände** verknüpft werden. Zum Beispiel kann die übernehmende Gesellschaft zugleich die Mitglieder des Aufsichts- oder Verwaltungsorgans bestellen. Auch eine Kapitalerhöhung bei der übernehmenden Gesellschaft kann in derselben Hauptversammlung beschlossen werden, um den Aktionären der übertragenden Gesellschaft Aktien an der SE zu gewähren. Die Hauptversammlung kann den Zustimmungsbeschluss zudem von einer Genehmigung der Vereinbarung über die Arbeitnehmerbeteiligung abhängig machen, Art. 23 Abs. 2 S. 2 SE-VO.

6.3.1.3.2 Abschluss des Arbeitnehmerbeteiligungsverfahrens

Das Arbeitnehmerbeteiligungsverfahren ist abzuschließen (siehe Kap. 7). Steht das Ergebnis des Arbeitnehmerbeteiligungsverfahrens im Widerspruch zum Inhalt des Satzungsentwurfs, z. B. weil eine andere Größe oder Besetzung des Aufsichtsorgans vereinbart worden ist, muss die Satzung durch erneuten Hauptversammlungsbeschluss angepasst werden (vgl. Art. 12 Abs. 4 SE-VO).

---

[9]Der Verschmelzungsplan und -bericht, der Prüfungsbericht, die Jahresabschlüsse und Lageberichte der letzten drei Jahre sowie ggf. eine Zwischenbilanz sind grundsätzlich gemäß § 63 UmwG ab der Einberufung der Hauptversammlung auszulegen. Allerdings ist dies bei einer Vollversammlung nicht erforderlich und auf die Auslage können die Aktionäre auch verzichten.

6.3.1.3.3 Zweistufige Rechtsmäßigkeitskontrolle

Zur Vermeidung fehlerhafter SE-Gründungen sowie aufgrund des Zusammenspiels unterschiedlicher nationaler Rechtsordnungen sowie Vorgaben der SE-VO, ist bei der SE-Verschmelzung eine zweistufige Rechtmäßigkeitskontrolle vorgesehen:

- Auf der **1. Stufe** prüft die für die beteiligten Gründungsgesellschaften zuständige Stelle (in Deutschland das Handelsregister) die Rechtmäßigkeit des Verfahrens auf Ebene der sich verschmelzenden Gesellschaften, Art. 25 Abs. 1 SE-VO. Geprüft wird insbesondere die Vollständigkeit der Unterlagen (z. B. Schlussbilanz), ordnungsgemäße Aufstellung des Verschmelzungsplans und ggf. Erstellung des Verschmelzungsberichts, die Verschmelzungsfähigkeit des betroffenen Rechtsträgers, Beachtung der Gläubiger- und Minderheitenrechte[10] und die Rechtmäßigkeit des Verschmelzungsbeschlusses. Prüfungsgegenstand ist daher in erster Linie das nationale Verschmelzungsrecht, modifiziert um die Vorgaben der SE-VO.[11] Nach Abschluss der Prüfung stellt die zuständige Stelle eine Rechtmäßigkeitsbescheinigung aus, Art. 25 Abs. 2 SE-VO.
- Auf der **2. Stufe** prüft die für die Eintragung der SE zuständige Stelle (in Deutschland ebenfalls das Handelsregister) die Rechtmäßigkeit der Verschmelzung auf Ebene der zu gründenden SE, Art. 26 SE-VO. Alle beteiligten Rechtsträger haben hierzu die Rechtsmäßigkeitsbescheinigungen nach Art. 25 Abs. 2 SE-VO binnen sechs Monaten nach Ausstellung sowie eine Ausfertigung des genehmigten Verschmelzungsplans einzureichen, Art. 26 Abs. 2 SE-VO. Geprüft wird insbesondere, ob die sich verschmelzenden Rechtsträger einem gleichlautenden Verschmelzungsplan zugestimmt haben, ob eine Beteiligungsvereinbarung vorliegt (und diese auch nicht im Widerspruch zur SE-Satzung steht) oder das Arbeitnehmerbeteiligungsfahren anderweitig ordnungsgemäß beendet worden ist (siehe Kap. 7), sowie ob die Gründungsvorschriften des Sitzstaates der SE eingehalten worden sind.

Da in Deutschland für beide Stufen der Rechtsmäßigkeitskontrolle das Handelsregister zuständig ist, kann bei einer Verschmelzung zur Aufnahme mit einer AG

[10]Nach Art. 24 Abs. 1 lit. a) SE-VO, § 22 UmwG können Gläubiger innerhalb von sechs Monaten nach Eintragung der Verschmelzung Sicherheitsleistung verlangen. Soll der Sitz der SE hingegen im Ausland liegen, wird dieser Schutzmechanismus als unzureichend angesehen und nach § 8 SEAG ist bereits vor Eintragung der SE den Gläubigern Sicherheitsleistung anzubieten.

[11]*Marsch-Barner,* Habersack/Drinhausen, SE-Recht, Art. 25 SE-VO, Rn. 5.

als übernehmender Rechtsträgerin auf eine separate Bescheinigung des Handelsregisters nach Art. 25 Abs. 2 SE-VO verzichtet werden und die 1. und 2. Stufe können auf Antrag grundsätzlich zusammen geprüft werden.[12]

6.3.1.3.4 Handelsregisteranmeldung und Eintragung der SE

Die SE-Gründung ist durch alle beteiligten Gründungsgesellschaften zur Eintragung beim Handelsregister anzumelden.[13] Zusammen mit der **Handelsregisteranmeldung** werden auch die Bescheinigungen nach Art. 25 Abs. 2 SE–VO eingereicht (Art. 26 Abs. 2 SE-VO).

Mit der **Eintragung der SE im Handelsregister** nimmt der aufnehmende Rechtsträger die Rechtsform der SE an (Verschmelzung zur Aufnahme) oder es entsteht ein neuer Rechtsträger in der Rechtsform der SE, der mit der Eintragung Rechtspersönlichkeit erlangt (Verschmelzung zur Neugründung), Art. 27 Abs. 1, 29 Abs. 1, 16 Abs. 1 SE-VO. Die übertragenden Gesellschaften erlöschen und dessen Aktionäre werden zu Aktionären der SE. Auch die mit den beteiligten Gesellschaften bestehenden Arbeitsverhältnisse gehen auf die SE über, Art. 29 Abs. 4 SE-VO.

6.3.2 SE-Formwechsel

6.3.2.1 Überblick – Charakteristika

Beim SE-Formwechsel besteht im Gegensatz zur SE-Verschmelzung **Rechtsträgeridentität**, d. h. es kommt zu keiner Übertragung von Aktiva und Passiva und auch nicht zum Erlöschen eines Rechtsträgers. Die zuvor nationale Rechtsform wechselt stattdessen ihr „Rechtskleid“ gegen eine europäische Rechtsform (SE) (vgl. Abb. 6.3).[14]

In Deutschland kann nur eine AG durch Formwechsel in eine SE umgewandelt werden (eine GmbH müsste daher zunächst in eine AG umgewandelt werden, wobei die beiden Formwechselprozesse in der Praxis häufig miteinander verzahnt und parallel vorbereitet und z. T. auch umgesetzt werden).

---

[12] *Marsch-Barner,* Habersack/Drinhausen, SE-Recht, Art. 25 SE-VO, Rn. 27.

[13] Siehe hierzu *Casper,* Spindler/Stilz, AktG, Art. 26, Rn. 3.

[14] Art. 37 Abs. 9 SE-VO, wonach Arbeitsverhältnisse der umzuwandelnden Gesellschaft auf die SE "übergehen", ist daher unpräzise – der Aussagegehalt der Vorschrift beschränkt sich auf die Klarstellung, dass die Beschäftigungsverhältnisse durch den Formwechsel nicht verändert werden, vgl. *Bücker,* Habersack/Drinhausen, SE-Recht, Art. 37, Rn. 3, 99.

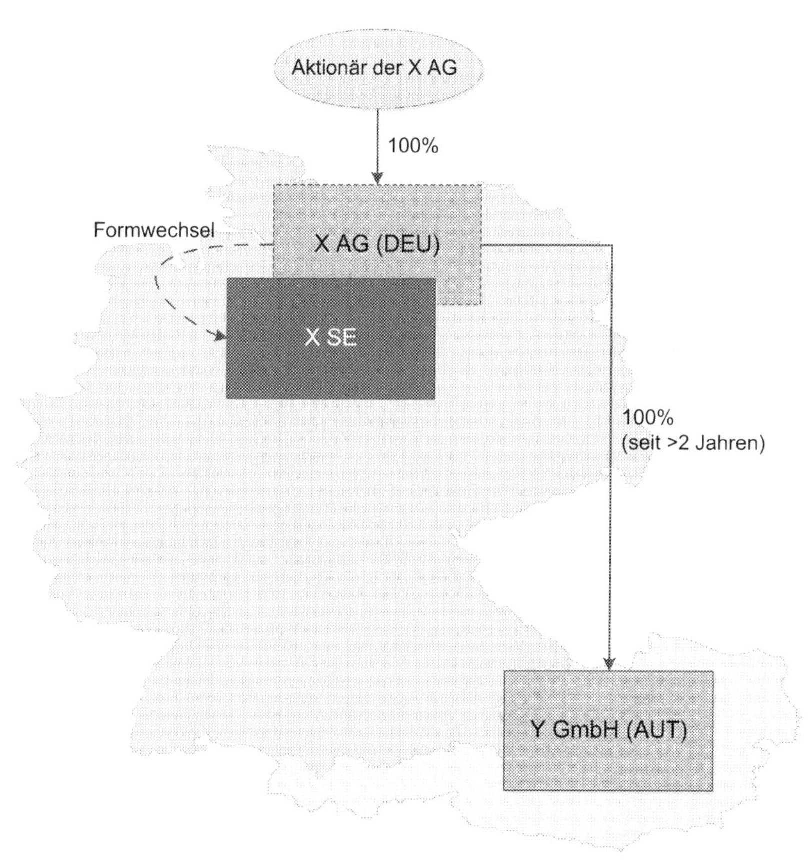

Beispiel (Formwechsel):
Die deutsche X AG hält seit über zwei Jahren 100% der Anteile an ihrer österreichischen Tochtergesellschaft (Y GmbH) und wird durch Formwechsel in die X SE umgewandelt. Der Sitz der X SE liegt – wie bereits der Sitz der X AG – in Deutschland.

Abb. 6.3 Formwechsel

Das **Mehrstaatlichkeitserfordernis** verlangt, dass die formwechselnde AG seit mindestens zwei Jahren eine Tochtergesellschaft (d. h. eine Gesellschaft auf die beherrschenden Einfluss ausgeübt werden kann) haben muss, die dem Recht eines anderen Mitgliedsstaates unterliegt. Im Gegensatz zur Gründung einer Tochter-SE oder Holding-SE reicht eine Zweigniederlassung nicht aus.

Im Vergleich zur SE-Verschmelzung ist der Formwechsel weniger komplex, da nur ein Rechtsträger und somit auch nur eine nationale Rechtsordnung beteiligt ist. Die Regelung in der SE-VO zum Formwechsel ist dementsprechend auch vergleichsweise rudimentär (siehe Art. 2 Abs. 4 und Art. 37 SE-VO).

6.3.2.2 Vorbereitungsphase

6.3.2.2.1 Erstellen des Umwandlungsplans

Der Vorstand der AG hat nach Art. 37 Abs. 4 SE-VO einen **Umwandlungsplan** zu erstellen.

Nach der wohl herrschenden Auffassung muss der Umwandlungsplan – in Anlehnung an den Verschmelzungsplan (Art. 20 Abs. 1 SE-VO) – u. a. Angaben zu Firma und Sitz der SE, Beteiligungsverhältnis, Sonderrechten und zum Arbeitnehmerbeteiligungsverfahren sowie den Entwurf der SE Satzung enthalten. Da die SE-VO zum **Inhalt** des Umwandlungsplans allerdings schweigt und es umstritten ist, ob sich der Inhalt des Umwandlungsplans an den nationalen Vorschriften zum Formwechsel oder an den Regelungen der SE-VO zum Verschmelzungsplan zu orientieren hat, sollte der Entwurf des Umwandlungsplans in jedem Fall mit dem zuständigen Registerrichter abgestimmt werden.[15]

Richtigerweise ist der Umwandlungsplan **nicht zu beurkunden**, da der Umwandlungsplan konzeptionell dem Entwurf des Hauptversammlungsbeschlusses entspricht.[16] Der Hauptversammlungsbeschluss (dem wiederum Umwandlungsplan samt Satzungsentwurf beizufügen sind) ist jedoch beurkundungspflichtig.

6.3.2.2.2 Offenlegung des Umwandlungsplans und Hauptversammlung

Der Umwandlungsplan ist **einen Monat vor der Hauptversammlung**, die über den Formwechsel beschließen soll, **offenzulegen**, Art. 37 Abs. 5 SE-VO. Hierzu ist der Umwandlungsplan beim Handelsregister einzureichen, das einen Hinweis auf die Hinterlegung des Umwandlungsplans im elektronischen Bundesanzeiger veröffentlicht. Unverzüglich nach der Offenlegung hat der Vorstand auch das **Arbeitnehmerbeteiligungsverfahren** einzuleiten (siehe Kap. 7); eine Einleitung des Verfahrens vor der Offenlegung ist jedoch möglich (und in der Praxis nicht unüblich).

---

[15] Zum Streitstand siehe *Bücker,* Habersack/Drinhausen, SE-Recht, Art. 37, Rn. 23.

[16] Sehr umstritten. Gegen eine Beurkundung: *Bücker,* Habersack/Drinhausen, SE-Recht, 37, Rn. 30; *Schäfer,* MünchKomm, AktG, Art. 37 SE-VO, Rn. 14; a. A. *Heckschen,* DNotZ 2003, 251, 264.

Ob der Umwandlungsplan auch dem **Betriebsrat** (sofern es einen gibt) einen Monat vor der Hauptversammlung zuzuleiten ist, ist nicht abschließend geklärt.[17] Nicht zuletzt aufgrund der ohnehin nach Art. 37 Abs. 5 SE-VO vorzunehmenden Offenlegung ist es jedoch ratsam, den Betriebsrat durch Zuleitung des Umwandlungsplans einzubinden.

6.3.2.2.3 Erstellen des Umwandlungsberichts

Der Vorstand hat zudem einen **Umwandlungsbericht** zu erstellen, in dem der Vorstand den Aktionären den Formwechsel aus rechtlicher und wirtschaftlicher Sicht erläutert und begründet. Zudem sind in dem Bericht die Auswirkungen des Formwechsels für die Arbeitnehmer und Aktionäre darzustellen, Art. 37 Abs. 4 SE-VO. Der Umwandlungsbericht unterliegt zwar nicht der Offenlegungspflicht des Art. 37 Abs. 5 SE-VO, aber den allgemeinen Auslegungspflichten im Vorfeld einer Hauptversammlung. Nach h.M. können die Aktionäre auf den Bericht (in notariell beurkundeter Form) **verzichten**; bei nur einem Aktionär ist der Bericht von vornherein **entbehrlich** (Art. 15 SE-VO i. V. m. § 192 Abs. 2 UmwG).[18]

6.3.2.2.4 Kapitaldeckungsprüfung

Ein gerichtlich bestellter Wirtschaftsprüfer hat eine Kapitaldeckungsprüfung durchzuführen und einen entsprechenden Prüfungsbericht **(Kapitaldeckungsbescheinigung)** anzufertigen (Art. 37 Abs. 6 SE-VO).[19] Durch die Prüfung soll ermittelt werden, ob das Grundkapital der SE (mindestens EUR 120.000) zuzüglich der nach Satzung oder Gesetz nicht ausschüttungsfähigen Rücklagen durch das Nettoreinvermögen der formwechselnden Gesellschaft gedeckt ist. Auf diese Prüfung kann nicht verzichtet werden. Da diese Prüfung einige Zeit in Anspruch nehmen kann, sollte der **Antrag auf Bestellung eines Kapitaldeckungsprüfers** frühzeitig im Prozess beim Landgericht eingereicht werden.

---

[17]Gegen eine Zuleitungspflicht *Paefgen,* KölnKomm, AktG, Art. 37 SE-VO, Rn. 48; *Seibt/Reinhard,* Der Konzern 2005, 407, 415; dafür *Casper,* Spindler/Stilz, AktG, Art. 37, Rn. 12.

[18]*Bücker,* Habersack/Drinhausen, SE-Recht, Art. 37, Rn. 42; *Vossius,* ZIP 2005, 741, 745 (Verzicht bejahend); eine Verzichtsmöglichkeit hingegen verneinend *Casper,* Spindler/Stilz, AktG, Art. 37 SE-VO, Rn. 11.

[19]Die Kapitaldeckungsbescheinigung ist nicht offenzulegen nach Art. 37 Abs. 5 SE-VO, *Bücker,* Habersack/Drinhausen, SE-Recht, Art. 37, Rn. 53.

6.3.2.3 Gründungs- und Vollzugsphase

6.3.2.3.1 Zustimmung der Hauptversammlung

Der Umwandlungsplan (einschließlich der SE-Satzung) bedarf der Zustimmung bzw. Genehmigung durch die **Hauptversammlung,** wobei der Beschluss mit mindestens drei Vierteln des bei der Beschlussfassung vertretenen Grundkapitals gefasst werden muss (sofern sich aus der Satzung kein höheres Quorum ergibt). Hinsichtlich Vorbereitung und Durchführung der Hauptversammlung gelten in Ermangelung speziellerer Regelung in der SE-VO die aktienrechtlichen Vorschriften. Der Beschluss ist **notariell zu beurkunden**.

Neben der Zustimmung zum Umwandlungsplan sind die Bestellung des **Abschlussprüfers** für das erste (Rumpf-)Geschäftsjahr der SE sowie die Bestellung der **Mitglieder des Aufsichts- bzw. Verwaltungsorgans** zu beschließen (letzteres nur, sofern die Mitglieder nicht durch die Satzung bestellt werden oder sich das Aufsichtsorgan der SE nach den gleichen Regeln bildet und zusammensetzt wie das der AG – in diesem Fall gilt Ämterkontinuität, § 203 UmwG).[20]

6.3.2.3.2 Abschluss des Arbeitnehmerbeteiligungsverfahrens

Das **Arbeitnehmerbeteiligungsverfahren** ist abzuschließen (siehe Kap. 7).

6.3.2.3.3 Handelsregisteranmeldung und Eintragung der SE

Die **Handelsregisteranmeldung** zur Gründung der SE ist beim Handelsregister des **Amtsgerichts am Sitz der SE** einzureichen zusammen mit den entsprechenden Nachweisen, z. B. Mehrstaatlichkeitsnachweis und Kapitaldeckungsbescheinigung (Art. 37 Abs. 6 SE-VO). Schließlich muss auch der Abschluss des Arbeitnehmerbeteiligungsverfahrens nachgewiesen werden.

Mit Eintragung in das Handelsregister erlangt die SE **Rechtsfähigkeit**, Art. 16 SE-VO.

6.3.3 Holding-SE

6.3.3.1 Überblick – Charakteristika

Durch die Gründung der Holding-SE erlöschen die an der Gründung beteiligten Rechtsträger (im Gegensatz zur SE-Verschmelzung) nicht, sondern bestehen als nationale Gesellschaften fort. Dessen Gesellschafter bringen ihre Anteile in die neu entstehende SE ein und werden somit zu Aktionären der SE. Die Gründungsgesellschaften

---

[20]Zur Ämterkontinuität vgl. *Bücker,* Habersack/Drinhausen, SE-Recht, Art. 37, Rn. 63.

wiederum werden hierdurch zu Tochtergesellschaften der SE – es entsteht also ein Konzern mit einer **SE als Konzernobergesellschaft**. Da die Holding-SE gegen Einbringung von Geschäftsanteilen bzw. Aktien gegründet wird, handelt es sich um eine **Sachgründung**.

Die Gründung einer Holding-SE steht sowohl der **AG** als auch der **GmbH** offen. Dem **Mehrstaatlichkeitserfordernis** ist genüge getan, wenn wenigstens zwei der an der Gründung beteiligten Gesellschaften aus unterschiedlichen Mitgliedstaaten kommen oder in einem anderen Mitgliedstaat seit mindestens zwei Jahren eine Zweigniederlassung oder eine Tochtergesellschaft existiert (Art. 2 Abs. 2 SE-VO). Es ist daher möglich, dass zwei deutsche Gesellschaften eine Holding-SE gründen (vgl. Abb. 6.4).

Eine Entsprechung im deutschen Umwandlungs- bzw. Gesellschaftsrecht findet diese Gründungsvariante nicht. In der Praxis ist die Holding-SE **bislang wenig verbreitet**.

6.3.3.2 Vorbereitungsphase

Die Gründungsgesellschaften stellen zunächst einen (notariell zu beurkundenden) **Gründungsplan** auf. Inhaltlich orientiert sich der Gründungsplan in vielen Punkten an dem Verschmelzungsplan. Er enthält neben dem Entwurf der SE-Satzung auch einen **Gründungsbericht**, in dem die Gründung aus rechtlicher und wirtschaftlicher Sicht erläutert wird und die Auswirkungen der SE-Gründung für die Arbeitnehmer und Anteilseigner beschrieben werden, Art. 32 Abs. 2 S. 2 SE-VO. Zudem muss der Plan den Prozentsatz der Aktien bzw. Geschäftsanteile festhalten, der von den Anteileignern der Gründungsgesellschaften in die SE eingebracht werden muss, wobei der **Prozentsatz** mehr als 50 % der durch Anteile verliehenen ständigen Stimmrechte in den Gründungsgesellschaften betragen muss (Art. 32 Abs. 2 S. 4 SE-VO).

Der Gründungsplan ist **offenzulegen** (Art. 32 Abs. 3 SE-VO) und von einem gerichtlich bestellten unabhängigen Sachverständigen **zu prüfen** (Art. 32 Abs. 4 SE-VO).

6.3.3.3 Gründungs- und Vollzugsphase

Die **Hauptversammlungen** bzw. **Gesellschafterversammlungen** der Gründungsgesellschaften müssen dem Gründungsplan zustimmen. Die Beschlüsse sind notariell zu beurkunden.[21]

[21] *Wicke*, MittBayNot 2006, 196, 200.

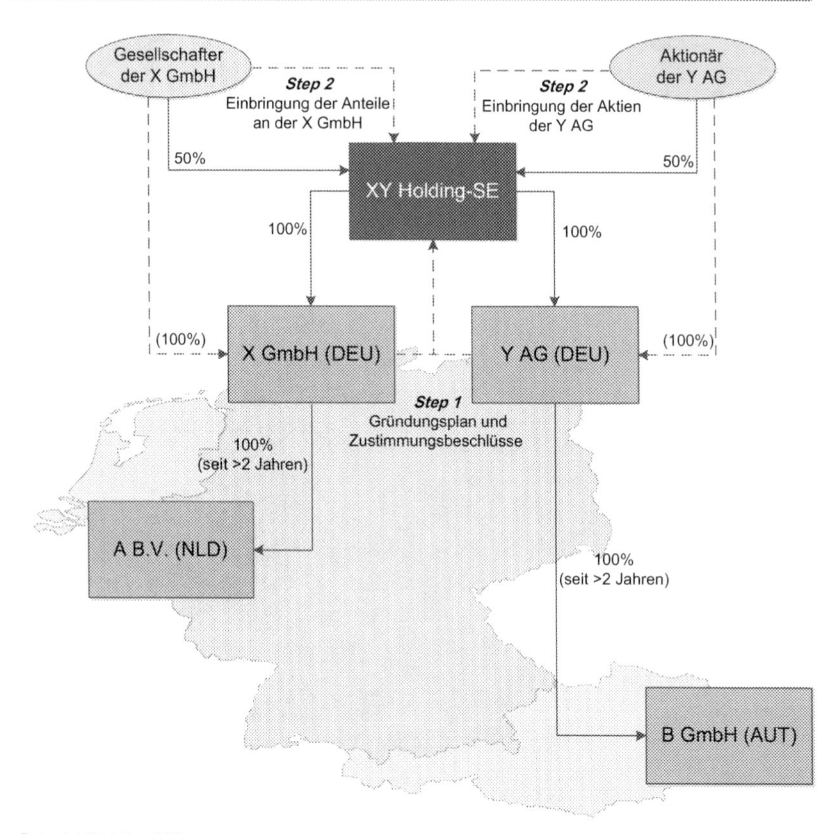

Beispiel (Holding-SE):
Die deutsche X GmbH und die ebenfalls deutsche Y AG verfügen jeweils seit über zwei Jahren über eine 100%-ige Tochtergesellschaft in einem anderen Mitgliedstaat.

- Step 1: Die X GmbH und die Y AG schließen einen Gründungsplan ab und die Gesellschafterversammlung der X GmbH sowie die Hauptversammlung der Y AG stimmen dem Gründungsplan zu.
- Step 2: Der Gesellschafter der X GmbH und der Aktionär der Y AG bringen ihre Anteile bzw. Aktien in die Holding-SE ein und erhalten im Gegenzug Aktien der XY Holding-SE. Hierdurch werden die X GmbH und die Y AG zu Tochtergesellschaften der XY Holding-SE und der Gesellschafter der X GmbH sowie der Aktionär der Y AG werden zu Aktionären der XY Holding-SE.

Das Beispiel geht davon aus, dass die Unternehmenswerte der X GmbH und der Y AG identisch sind und der Gesellschafter der X GmbH sowie der Aktionär der Y AG zu jeweils 50% an der XY Holding-SE beteiligt sein werden.

Abb. 6.4 Gründung einer Holding-SE

Nach der Beschlussfassung haben die Gesellschafter nach Art. 33 Abs. 1 SE-VO **drei Monate Zeit**, um mitzuteilen, ob sie ihre Gesellschaftsanteile/Aktien in die SE einbringen werden (aus einem positiven Zustimmungsbeschluss der Gründungsgesellschaften folgt also keine Pflicht zur Einbringung der Anteile in die SE). Die **Wirksamkeit der SE-Gründung** hängt nach Art. 33 Abs. 2 SE-VO davon ab, dass die Gesellschafter den nach dem Gründungsplan für jede Gesellschaft festgelegten Mindestprozentsatz der Anteile tatsächlich in die SE einbringen; wird das entsprechende Quorum nicht erreicht, scheitert die SE-Holdinggründung.

Die **Erreichung des Mindestprozentsatzes** ist dem Handelsregister offenzulegen, Art. 33 Abs. 3 SE-VO. Im Anschluss daran erhalten die Gesellschafter, die bisher noch nicht ihre Einbringungsabsicht erklärt haben, eine **Nachfrist** von einem Monat, um eine entsprechende Erklärung abzugeben.

Sind auch die übrigen SE–Gründungsvorschriften eingehalten (also bei einer SE mit Sitz in Deutschland insbesondere die §§ 32 ff. AktG über die Sachgründung), kann die Gründung der Holding-SE zum **Handelsregister** angemeldet werden. Die einbringenden Gesellschafter erhalten im Wege des Anteilstauschs Aktien an der SE, Art. 33 Abs. 4 SE-VO. Die Gesellschafter, die sich hingegen gegen die Anteilseinbringung in die SE entschieden haben, bleiben Gesellschafter der Gründungsgesellschaften.

6.3.4 Tochter-SE

6.3.4.1 Überblick – Charakteristika

Die Gründung einer Tochter-SE ist gewissermaßen das Pendant zur Holding-SE. Relevant kann diese Gründungsvariante insbesondere bei der Gründung eines **Joint Venture** werden.

Normiert ist die Gründungsvariante in Art. 2 Abs. 3 und Art. 35, 36 SE-VO, allerdings richtet sich der Gründungsvorgang im Wesentlichen nach nationalen Vorschriften.

Die **Gründungsberechtigung** ist deutlich weiter gefasst als bei den übrigen Gründungsvarianten und umfasst sämtliche (nationale und europäische) Gesellschaften und Genossenschaften sowie auch Idealvereine, Stiftungen und juristische Personen des öffentlichen Rechts (vgl. Abb. 6.5).[22] Das **Mehrstaatlichkeitserfordernis** entspricht dem der Holding-Gründung (siehe Abschn. 6.3.3).

[22] *Habersack*, Habersack/Drinhausen, SE-Recht, Art. 2, Rn. 19.

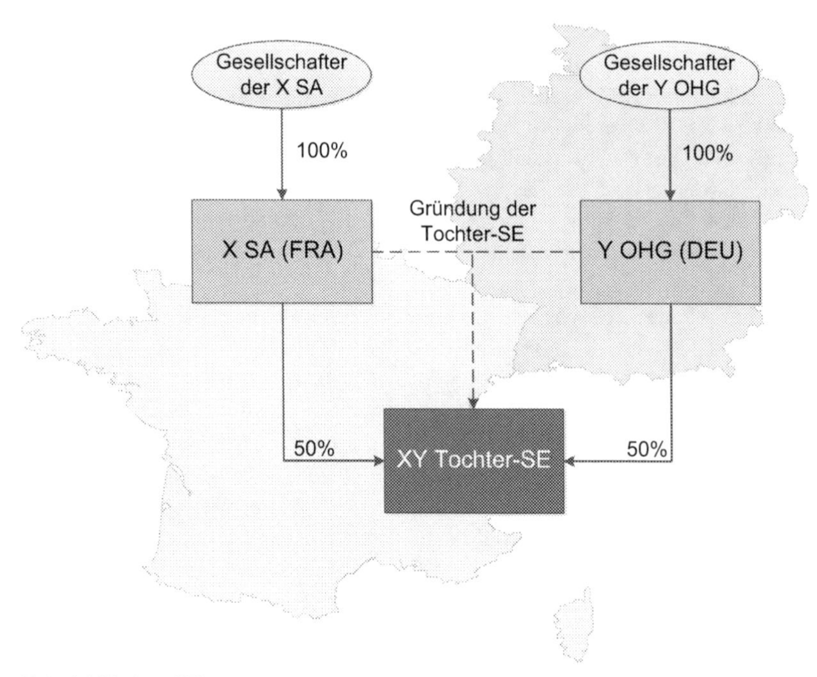

Beispiel (Tochter-SE):
Die französische X SA und die deutsche Y OHG gründen die XY Tochter-SE, an der sie jeweils zu 50% beteiligt sind. Der Sitz der XY Tochter-SE liegt in Frankreich.

Abb. 6.5 Gründung einer Tochter-SE

6.3.4.2 Vorbereitungsphase

Auch wenn ein Gründungsplan wie bei der Gründung einer Holding-SE nicht vorgeschrieben ist, werden die Gründungsgesellschaften regelmäßig eine **(Joint Venture-)Vereinbarung** über das gemeinsame SE-Vorhaben schließen.[23]

Im Übrigen sind die **Gründungsvorschriften der AG-Gründung** einzuhalten, insbesondere sind also ein Gründungsbericht der Gründer, ein interner Gründungprüfungsbericht des zukünftigen Leitungs- und Aufsichtsorgans (im Fall einer dualistischen SE) sowie ggf. ein externer Gründungsprüfungsbericht durch einen gerichtlich bestellten Prüfer zu erstellen.

[23]Vgl. *Wicke*, MittBayNot 2006, 196, 200.

6.3.4.3 Gründungs- und Vollzugsphase

Die Gründer müssen die Satzung (in notariell beurkundeter Form) feststellen, Art. 15 SE-VO i. V. m. § 23 AktG. Die notarielle **Gründungsurkunde** muss zudem u. a. die Gründer bezeichnen und die Aktienübernahme (Zeichnung) gegen Leistung der Einlagen regeln.

Haben die Gründer ihre Einlagen geleistet und ist das **Arbeitnehmerbeteiligungsverfahren** abgeschlossen, ist die Gründung schließlich beim zuständigen Registergericht anzumelden.

6.3.5 SE-Tochter (Sekundär-Gründung)

Art. 3 Abs. 2 SE-VO erlaubt einer SE eine 100 %-ige Tochtergesellschaft in Form einer SE zu gründen. Damit unterscheidet sich die sekundäre SE-Gründung (auch Ausgründung genannt) von den übrigen Gründungsvarianten, denn sie setzt **keine Mehrstaatlichkeit** voraus (vgl. Abb. 6.6). Sind neben der Mutter-SE noch weitere Gesellschaften als Gründer beteiligt, handelt es sich nicht mehr um eine Sekundär-Gründung nach Art. 3 Abs. 2 SE-VO, sondern das Verfahren richtet sich nach Art. 2 Abs. 3 und Art. 36 SE-VO (zur Tochter-SE siehe Abschn. 6.3.4).

Der **Gründungsvorgang** richtet sich im Wesentlichen nach dem nationalen Recht des Staates, in dem die SE-Tochter ihren Sitz haben wird, wobei selbstverständlich die SE-spezifischen Vorgaben der SE-VO und ggf. des SEAG zu beachten sind. Die Gründung der SE-Tochter kann als Bar- oder Sachgründung oder durch Ausgliederung (§ 123 Abs. 3 UmwG) erfolgen[24] und der Sitz der SE-Tochter kann in einem anderen Mitgliedstaat liegen als der Sitz der Muttergesellschaft.[25]

Ob im Rahmen der Gründung einer SE-Tochter ein **Arbeitnehmerbeteiligungsverfahren** durchzuführen ist, ist sehr umstritten. Die besseren Gründe sprechen wohl dafür, die Sekundärgründung als nicht beteiligungspflichtig anzusehen, da die SE-RL und das SEBG auf die Primärgründung zugeschnitten sind und dem Schutz der Beteiligungsrechte der Arbeitnehmer durch das Arbeitnehmerbeteiligungsverfahren im Rahmen der Gründung der Mutter-SE Rechnung getragen wird.[26]

---

[24] *Habersack,* Habersack/Drinhausen, SE-Recht, Art. 3 SE-VO, Rn. 11.

[25] *Casper,* Spindler/Stilz, AktG, Art. 3 SE-VO, Rn. 18.

[26] *Hohenstatt/Müller-Bonanni,* Habersack/Drinhausen, SE-Recht, § 3 SEBG, Rn. 8 f.; *Jacobs,* MünchKomm, AktG, Vorb. SEBG, Rn. 12; a. A. *Kienast,* Jannott/Frodermann, HdB SE, Kap. 13, Rn. 245; *Maul,* KölnKomm, AktG, Art. 37, Rn. 24.

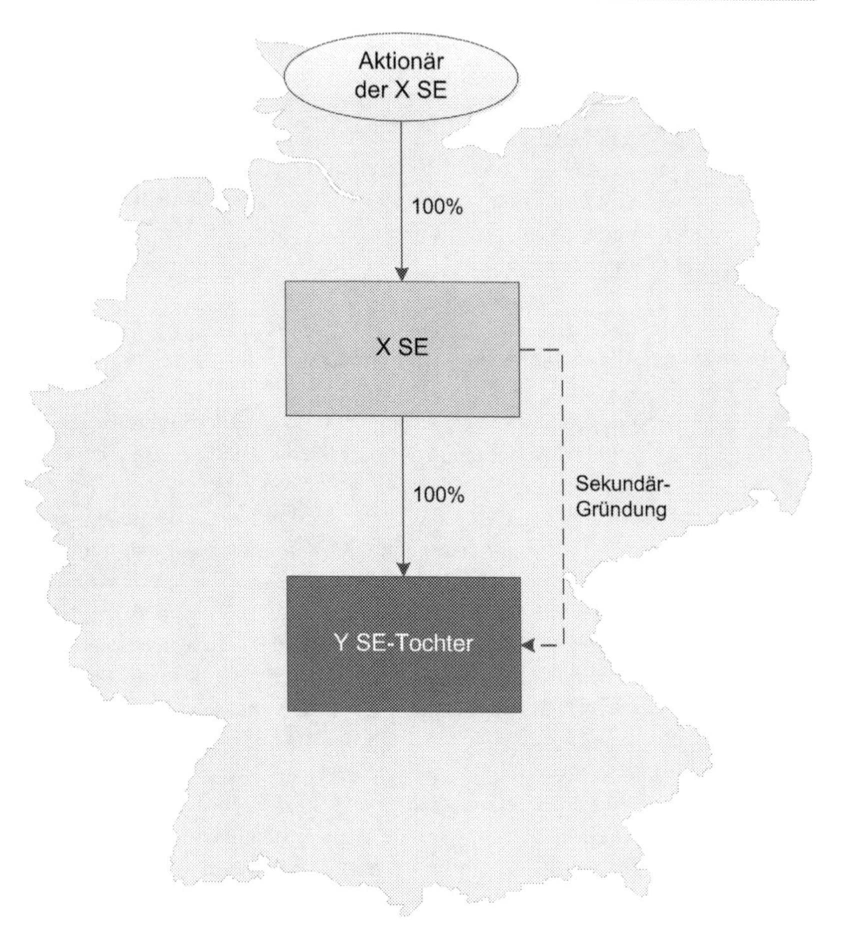

Beispiel (Sekundär-Gründung):
Die X SE gründet die Y SE-Tochter als 100%-ige Tochtergesellschaft, die ihren Sitz ebenfalls in Deutschland hat.

Abb. 6.6 Sekundär-Gründung

6.4 Vorrats-SE

Mittels der vorstehend beschriebenen Gründungsvarianten kann eine SE auch **auf „Vorrat" gegründet** werden, also zunächst ohne eigenen Geschäftsbetrieb und ohne Arbeitnehmer. In der Praxis können solche Vorratsgesellschaften von darauf spezialisierten Anbietern erworben und z. B. für die Einbringung des eigenen Geschäftsbetriebs in eine SE verwendet werden (dies kann bspw. durch Übertragung der Anteile an der operativen Gesellschaft oder Verschmelzung der operativen Gesellschaft auf die Vorrats-SE erfolgen).

Die Zulässigkeit einer **Vorrats-SE** ist heute nahezu einhellig anerkannt.[27] Auch wenn bei der Gründung der Vorrats-SE regelmäßig kein **Arbeitnehmerbeteiligungsverfahren** durchgeführt werden muss (siehe Abschn. 6.3.5), ist das Arbeitnehmerbeteiligungsverfahren jedoch grundsätzlich nachzuholen, wenn die Vorrats-SE (z. B. durch Einbringung des Unternehmens in die Vorrats-SE) **„aktiviert"** wird.[28] Ob die Verwendung einer Vorrats-SE zu einer Zeit- und Kostenersparnis führt, hängt von der geplanten Verwendung der Vorratsgesellschaft und der Zielstruktur ab.

[27]*Seibt,* ZIP 2005, 2248, 2249 f.

[28]Jedenfalls dann, wenn die "Aktivierung" die Voraussetzungen des § 18 Abs. 3 SEBG erfüllt: *Hohenstatt/Müller-Bonanni,* Habersack/Drinhausen, SE-Recht, Art. 18 SEBG, Rn. 11; weitergehend *Jacobs,* MünchKomm, AktG, § 3 SEBG, Rn. 6.

7 Mitbestimmung in der SE – Das Arbeitnehmerbeteiligungsverfahren

Die Mitbestimmung der Arbeitnehmer in der SE basiert vorrangig auf der **Verhandlungslösung**, d. h. die Unternehmensleitungen der Gründungsgesellschaften verhandeln mit den Arbeitnehmervertretern, die in einem sog. besonderen Verhandlungsgremium **(BVG)** organisiert sind, über die Beteiligungsrechte der Arbeitnehmer in der SE. Die Verhandlungen sind auf den Abschluss einer Beteiligungsvereinbarung ausgerichtet, die insbesondere Regelungen über die Zusammensetzung des Aufsichts- bzw. Verwaltungsorgans sowie über den SE-Betriebsrat enthält. Die Verhandlungslösung ist ein Charakteristikum der SE, wodurch sich das SE-Recht von den starren Regelungen der deutschen Unternehmensmitbestimmung unterscheidet.

Die Details des Arbeitnehmerbeteiligungsverfahrens sind in der SE-RL und dem SEBG geregelt, die dem Schutz erworbener Beteiligungsrechte der Arbeitnehmer dienen **(„Vorher-Nachher-Prinzip")**.

Der Abschluss eines **Arbeitnehmerbeteiligungsverfahrens** ist grundsätzlich **konstitutiv** für jede Variante einer (primären) SE-Gründung.[1] Die SE kann daher grundsätzlich erst dann im Handelsregister eingetragen werden, wenn ein Arbeitnehmerbeteiligungsverfahren beendet worden ist, entweder durch i) Abschluss einer Beteiligungsvereinbarung, ii) ergebnislosen Ablauf der Verhandlungsfrist (grds. sechs Monate ab Konstituierung des BVG) oder iii) Beschluss des BVG, dass die Verhandlungen nicht aufgenommen oder abgebrochen werden. Wird innerhalb der Verhandlungsfrist keine Einigung über eine Beteiligungsvereinbarung erzielt, greifen **gesetzliche Auffangregelungen** für den SE-Betriebsrat (§§ 22–33 SEBG) und für die Mitbestimmung im Aufsichts- bzw. Verwaltungsorgan (§§ 34–39 SEBG).

---

[1]Zur Sekundär-Gründung siehe Abschn. 6.3.5.

M. Schaper, *Die Europäische Aktiengesellschaft (SE)*, essentials,
https://doi.org/10.1007/978-3-658-20941-4_7

Nur in engen **Ausnahmefällen** kann von der Durchführung eines Beteiligungsverfahrens abgesehen werden, insbesondere wenn die Gründungsgesellschaften (einschließlich ihrer Tochtergesellschaften) nicht ausreichend Arbeitnehmer beschäftigen, damit das BVG vollständig besetzt werden kann,[2] oder wenn die Gründungsgesellschaften Arbeitnehmer in nur einem Mitgliedstaat beschäftigen.[3] Nicht abschließend geklärt ist jedoch, ob in diesen Konstellationen (nachträglich) ein Arbeitnehmerbeteiligungsverfahren durchzuführen ist, falls die Voraussetzungen für die genannten Ausnahmekonstellationen entfallen (z. B. Entstehen einer mehrstaatlichen Arbeitnehmerschaft).[4]

7.1 Ablauf des Arbeitnehmerbeteiligungsverfahrens

Abb. 7.1 bietet einen Überblick über den Ablauf des Arbeitnehmerbeteiligungsverfahrens.

7.1.1 Informationsschreiben und Konstituierung des BVG

Zu Beginn des Verfahrens **unterrichten** die Leitungen der Gründungsgesellschaften die zuständigen Arbeitnehmervertretungen über das SE-Gründungsvorhaben, stellen ihnen Informationen zur Verfügung, z. B. zur Zahl der in den Gesellschaften und Betrieben jeweils beschäftigten Arbeitnehmer (vgl. § 4 Abs. 3 SEBG), und fordern die **Arbeitnehmervertretungen** zur Bildung des BVG auf. Sollten keine Arbeitnehmervertretungen bestehen, werden die Arbeitnehmer direkt unterrichtet und zur Bildung des BVG in geheimer und unmittelbarer **Urwahl** aufgefordert.

---

[2] *Hohenstatt/Müller-Bonanni,* Habersack/Drinhausen, SE-Recht, § 3 SEBG, Rn. 10; *Kiem,* KölnKomm, AktG, Art. 12 SE-VO, Rn. 42 nennt als Schwellenwert 10 Arbeitnehmer.

[3] *Seibt,* Willemsen/Hohenstatt/Schweibert/Seibt, Rn. F 181; nach *Hohenstatt/Müller-Bonanni,* Habersack/Drinhausen, SE-Recht, § 3 SEBG, Rn. 14, 15 allerdings nur im Fall von mitbestimmungslosen Gründungsgesellschaften; a. A. *Oetker,* Lutter/Hommelhoff/Teichmann, SE-Kommentar, § 1 SEBG, Rn. 23 f.

[4] Dagegen: *Hohenstatt/Müller-Bonanni,* Habersack/Drinhausen, SE-Recht, § 3 SEBG, Rn. 14; dafür: *Oetker,* Lutter/Hommelhoff/Teichmann, SE-Kommentar, § 1 SEBG, Rn. 25.

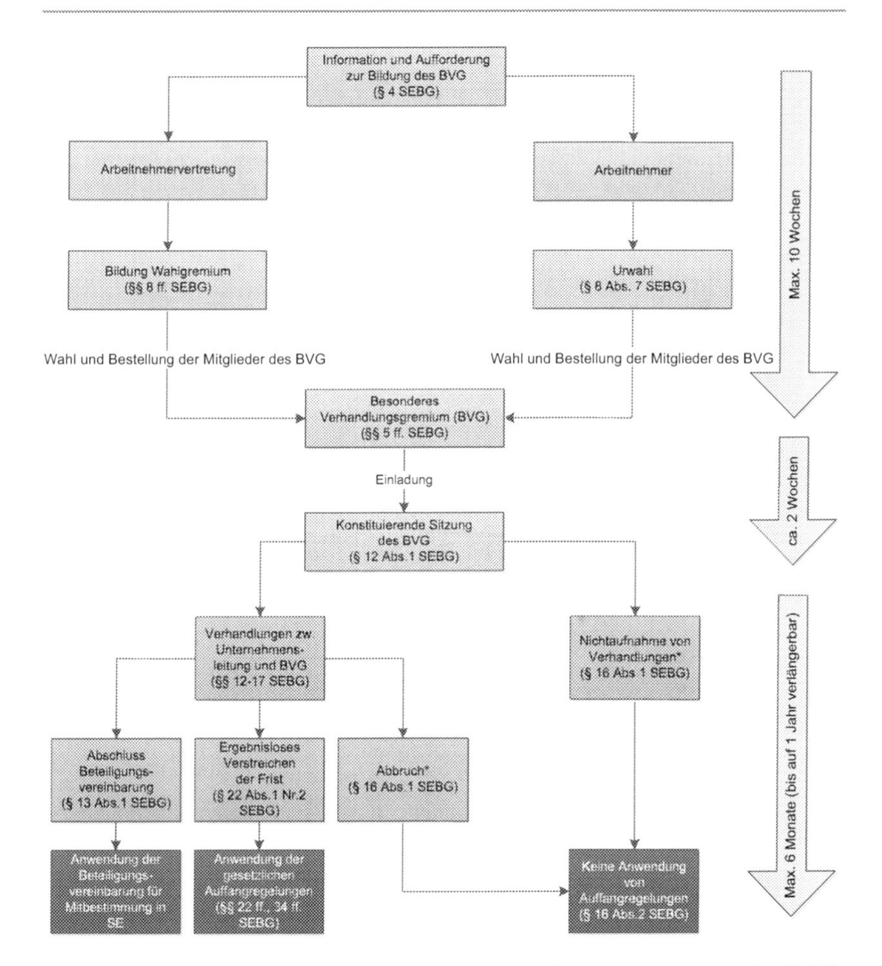

Abb. 7.1 Ablauf des Arbeitnehmerbeteiligungsverfahrens

Die Information nach § 4 SEBG setzt eine **zehnwöchige Frist** zur Wahl und Bestellung der Mitglieder des BVG in Gang (§ 11 Abs. 1 SEBG). Jeder Mitgliedstaat, in dem Arbeitnehmer der Gründungsgesellschaften oder ihrer Tochtergesellschaften beschäftigt sind, erhält mindestens einen Sitz im BVG. Dabei sehen die Mitgliedstaaten jeweils eigene Bestimmungen und Verfahren für die Wahl und Bestellung der BVG-Mitglieder vor, wodurch das Verfahren insbesondere bei Beteiligung mehrerer Mitgliedstaaten recht komplex werden kann.[5]

Im Anschluss an die Bestellung der BVG-Mitglieder erfolgt die Einladung zur konstituierenden Sitzung des BVG.

7.1.2 Nichtaufnahme oder Abbruch der Verhandlungen

Das BVG kann mit der erforderlichen qualifizierten Mehrheit beschließen, die Verhandlungen nicht aufzunehmen oder bereits aufgenommene Verhandlungen mit den Unternehmensleitungen abzubrechen (§ 16 Abs. 1 SEBG) **(Nichtaufnahme- bzw. Negativbeschluss)**. In diesem Fall ist das Arbeitnehmerbeteiligungsverfahren beendet und die SE kann in das Handelsregister eingetragen werden.

Die **Auffangregelungen** über den SE-Betriebsrat und die Beteiligung der Arbeitnehmer im Aufsichtsorgan finden in diesem Fall ebenso wenig Anwendung wie die nationalen Unternehmensmitbestimmungsvorschriften, sodass das Aufsichts- bzw. Verwaltungsorgan der SE mitbestimmungsfrei ist; für Betriebe in Deutschland gelten jedoch die nationalen Regelungen zur betrieblichen Mitbestimmung (insb. BetrVG, EBRG).[6]

Bei der SE Gründung durch **Formwechsel** ist ein solcher Nichtaufnahme- oder Abbruchbeschluss allerdings nicht zulässig, wenn den Arbeitnehmern der umzuwandelnden Gesellschaft Mitbestimmungsrechte zustehen (§ 16 Abs. 3 SEBG). Hierdurch soll ein Absinken des Mitbestimmungsniveaus verhindert werden.

7.1.3 Verhandlungen zwischen BVG und Unternehmensleitung

Nimmt das BVG die Verhandlungen mit den Unternehmensleitungen auf, beginnt ab der konstituierenden Sitzung des BVG eine **sechsmonatige Verhandlungsfrist** (§ 20 Abs. 1 SEBG), die einvernehmlich auf ein Jahr verlängert werden kann (§ 20 Abs. 2 SEBG).

---

[5]Vgl. *Kienast,* Jannott/Frodermann, HdB SE, Kap. 13, Rn. 27, 30.

[6]*Hohenstatt/Müller-Bonanni,* Habersack/Drinhausen, SE-Recht, § 16 SEBG, Rn. 3.

7.1.3.1 Abschluss einer Beteiligungsvereinbarung

Schließen die Unternehmensleitungen mit dem BVG eine Beteiligungsvereinbarung, ist diese Vereinbarung für die Mitbestimmungsrechte der Arbeitnehmer in der SE maßgeblich. Die zentralen Regelungsgegenstände dieser Vereinbarung sind (i) die Mitbestimmung der Arbeitnehmer im Aufsichts- bzw. Verwaltungsorgan und (ii) der SE-Betriebsrat.

7.1.3.1.1 Mitbestimmung im Aufsichts- bzw. Verwaltungsorgan

Die Beteiligungsvereinbarung ermöglicht ein „maßgeschneidertes" Vertragswerk für die Mitbestimmungsrechte der Arbeitnehmer im Aufsichts- bzw. Verwaltungsorgan. **Regelungsgegenstand** der Beteiligungsvereinbarung in diesem Zusammenhang können insbesondere sein i) die Zahl der von den Arbeitnehmern zu bestellenden Mitglieder des Aufsichts- oder Verwaltungsorgans, ii) das Wahl- und Bestellungsverfahren sowie iii) die Rechte der Arbeitnehmervertreter im Aufsichts- oder Verwaltungsorgan (§ 21 Abs. 3 SEBG).

Ob darüber hinaus auch die Gesamtzahl der Mitglieder und damit die **Größe des Aufsichts- bzw. Verwaltungsorgans** insgesamt in der Beteiligungsvereinbarung festgelegt werden kann, ist im Schrifttum sehr umstritten,[7] wurde vom LG Nürnberg-Fürth aber bejaht.[8] Da die Gesamtgröße dieser Organe jedenfalls auch in der Satzung festgelegt werden kann (was insoweit unstreitig ist, Art. 40 Abs. 3 S. 1 und Art. 43 Abs. 2 S. 1 SE-VO), sollte eine entsprechende Größenfestlegung in der Beteiligungsvereinbarung jedenfalls nicht von der Satzungsregelung abweichen, da sonst ein Eintragungshindernis droht (Art. 12 Abs. 4 SE-VO). Wird keine Regelung zur Organgröße in die Beteiligungsvereinbarung aufgenommen, ist insoweit die entsprechende Satzungsregelung maßgeblich, da die Auffangregelungen des SEBG zwar den Anteil der Arbeitnehmervertreter im Aufsichts- oder Verwaltungsorgan erfassen, nicht aber Gesamtgröße dieser Organe zum Gegenstand haben.[9]

Die Parteien können auch vereinbaren, dass die SE mitbestimmungsfrei bleibt. Eine Besonderheit gilt wiederum beim Formwechsel: Hier muss die Beteiligungsvereinbarung in Bezug auf alle Komponenten der Arbeitnehmerbeteiligung mindestens das gleiche Ausmaß gewährleisten, das in dem formwechselnden Rechtsträger bestand (§ 21 Abs. 6 S. 1 SEBG).

---

[7]Siehe hierzu *Seibt,* Habersack/Drinhausen, SE-Recht, Art. 40 SE-VO, Rn. 66.

[8]LG Nürnberg-Fürth, NZG 2010, 547.

[9]Dies ist für den Formwechsel umstritten, vgl. *Seibt,* Habersack/Drinhausen, SE-Recht, Art. 40 SE-VO, Rn. 68.

7.1.3.1.2 SE-Betriebsrat

In der Beteiligungsvereinbarung sind im Hinblick auf den **SE-Betriebsrat** unter anderem dessen Zusammensetzung und Befugnisse, das Verfahren zur Unterrichtung und Anhörung sowie die Häufigkeit der Sitzungen zu regeln (§ 21 Abs. 1 SEBG).

Nach den §§ 27 ff. SEBG ist der SE-Betriebsrat insbesondere zuständig für die Verteilung der Sitze im Aufsichts- bzw. Verwaltungsorgan auf die Mitgliedstaaten, in denen Mitglieder zu wählen oder zu bestellen sind, sowie für Angelegenheiten, welche die SE selbst, eine ihrer Tochtergesellschaften oder einen ihrer Betriebe in einem anderen Mitgliedstaat betreffen oder die über die Befugnisse der zuständigen Organe auf der Ebene des einzelnen Mitgliedstaats hinausgehen. Mithin setzt die Zuständigkeit des SE-Betriebsrats stets eine **grenzüberschreitende Angelegenheit** voraus und verdrängt somit nicht die Zuständigkeit nationaler Arbeitnehmervertretungen.[10]

7.2 Auffangregelungen des SEBG

Anstelle der Beteiligungsvereinbarung richten sich Unternehmensmitbestimmung und Regelungen zum SE-Betriebsrat nach den gesetzlichen Auffangregelungen des SEBG, wenn

- die Parteien die Anwendbarkeit der **Auffangregelungen vereinbaren** (§ 22 Abs. 1 Nr. 1 SEBG) oder
- die **Sechsmonatsfrist** (bzw. die einvernehmlich auf ein Jahr verlängerte Frist) für die Verhandlungen **ergebnislos verstrichen** ist und das BVG keinen Nichtaufnahme- bzw. Negativbeschluss nach § 16 Abs. 1 SEBG gefasst hat (§ 22 Abs. 1 Nr. 2 SEBG).

Die gesetzlichen Auffangregelungen sind für den SE-Betriebsrat in den §§ 22 ff. SEBG und für die Unternehmensmitbestimmung in den §§ 34 ff. SEBG geregelt. Die Auffangregelungen bilden regelmäßig den Ausgangspunkt für die Verhandlungen zwischen Unternehmensleitung und BVG.

---

[10] *Jacobs,* MünchKomm, AktG, Vorb. vor §§ 23–33 SEBG, Rn. 11; *Hohenstatt/Müller-Bonanni,* Habersack/Drinhausen, SE-Recht, § 27 SEBG, Rn. 4.

7.3 Mitbestimmungskontinuität und strukturelle Änderungen

Das Mitbestimmungsstatut der SE ist grundsätzlich veränderungsfest, d. h. das **Mitbestimmungsniveau** (Größe des Aufsichts- bzw. Verwaltungsorgans, Rechte der Arbeitnehmervertreter in diesem Organ etc.) zum Zeitpunkt der SE-Gründung wird **„eingefroren"** und auch eine Veränderung der Arbeitnehmerzahl der SE führt – im Gegensatz zum deutschen Mitbestimmungsrecht – nicht zu einer Änderung der anwendbaren Mitbestimmungsvorschriften.

Dieser **Grundsatz der Mitbestimmungskontinuität** wird jedoch durchbrochen, wenn es zu **strukturellen Änderungen** kommt, die geeignet sind, die Beteiligungsrechte der Arbeitnehmer zu mindern (§ 18 Abs. 3 SEBG). In diesem Fall haben die Leitung der SE und der SE-Betriebsrat das Recht, die Verhandlungen über die Beteiligungsrechte der Arbeitnehmer wieder aufzunehmen. Hierdurch sollen zum einen die durch eine strukturelle Änderung neu hinzukommenden Arbeitnehmer geschützt und zum anderen soll Missbrauch zur Vermeidung von Arbeitnehmerbeteiligungsrechten verhindert werden. Als strukturelle Änderung werden Vorgänge mit gründungsähnlichem Charakter und von außerordentlichem Gewicht angesehen,[11] wobei im Einzelnen umstritten ist, welche Vorgänge unter diesen Begriff zu subsumieren sind (der Paradefall einer solchen strukturellen Änderung ist die Verschmelzung einer mitbestimmten Gesellschaft auf eine SE).[12]

[11] *Jacobs*, MünchKomm, AktG, § 18 SEBG, Rn. 12; enger hingegen *Oetker*, Lutter/Hommelhoff/Teichmann, SE-Kommentar, § 18, Rn. 21.

[12] Beispiele für eine strukturelle Änderung bei *Hohenstatt/Müller-Bonanni*, Habersack/Drinhausen, SE-Recht, § 18 SEBG, Rn. 10 f.

Sitz der SE und Sitzverlegung 8

8.1 Die Wahl des Sitzes

Der **Satzungssitz** der SE muss in einem Mitgliedstaat der EU liegen. Durch die Wahl des Sitzes wird zugleich das (ergänzend zur SE–VO) auf die SE anwendbare nationale Recht bestimmt (siehe Kap. 4).

Zu beachten ist, dass die **Hauptverwaltung** der SE in demselben Mitgliedstaat liegen muss wie ihr Satzungssitz (Art. 7 SE-VO), da ansonsten die Liquidation der Gesellschaft droht (Art. 64 Abs. 1 lit. a), Abs. 2 SE-VO). Seit der Aufhebung von § 2 SEAG ist es nicht mehr erforderlich, dass Satzungssitz und Hauptverwaltung der SE innerhalb Deutschlands an einem Ort liegen müssen.[1]

8.2 Grenzüberschreitende Sitzverlegung

Eine SE kann ihren Sitz (also Satzungssitz und Hauptverwaltung) **grenzüberschreitend** in einen anderen Mitgliedstaat verlegen, Art. 8 SE-VO.

Die grenzüberschreitende Sitzverlegung erfolgt **identitätswahrend**, d. h. es bedarf keiner Auflösung im Herkunftsstaat und Neugründung im Zuzugsstaat, sondern der Rechtsträger besteht mit seinen Aktiva und Passiva sowie grundsätzlich mit demselben Aktionärskreis fort. Folge der Sitzverlegung in einen anderen Mitgliedstaat ist, dass (ergänzend zur SE-VO) das nationale Recht des Zuzugsstaates Anwendung findet. Die Sitzverlegung der SE ist daher **vergleichbar mit**

---

[1]Ein solches Erfordernis wurde auch für die GmbH und AG durch das MoMiG (Gesetz zur Modernisierung des GmbH-Rechts und zur Bekämpfung von Missbräuchen vom 23. Oktober 2008) aufgegeben.

M. Schaper, *Die Europäische Aktiengesellschaft (SE)*, essentials,
https://doi.org/10.1007/978-3-658-20941-4_8

einem Formwechsel, da der Rechtsträger erhalten bleibt, sich aber das auf die SE anwendbare Recht ändert.

Aufgrund der weitreichenden Folgen der Sitzverlegung sieht Art. 8 SE-VO (insbesondere zum Schutz von Minderheitsgesellschaftern und Gläubigern) ein relativ komplexes Verfahren vor:

- Das Leitungsorgan der SE hat einen **Verlegungsplan** aufzustellen, der Angaben u. a. zur bisherigen und künftigen Firma, zum Sitz der Gesellschaft sowie zum Zeitplan für die Verlegung enthält (Art. 8 Abs. 2 SE-VO).
- Zudem hat das Leitungsorgan einen **Verlegungsbericht** zu erstellen, in dem die rechtlichen und wirtschaftlichen Aspekte der Verlegung erläutert bzw. begründet und auch die Auswirkungen für Aktionäre, Gläubiger und Arbeitnehmer im Einzelnen dargelegt werden (Art. 8 Abs. 3 SE-VO). Auf die Erstellung kann – anders als beim Verschmelzungsbericht – nicht verzichtet werden.[2]
- Die **Hauptversammlung** der SE muss dem Verlegungsplan **zustimmen**, allerdings frühestens zwei Monate nach Offenlegung des Verschmelzungsplans im elektronischen Bundesanzeiger (Art. 8 Abs. 6 SE-VO).
- Um sicherzustellen, dass die **Anforderungen beider beteiligter Mitgliedstaaten** erfüllt sind, hat zunächst die zuständige Stelle des Herkunftsstaates eine Bescheinigung auszustellen, dass die Voraussetzungen für die Sitzverlegung im Herkunftsstaat erfüllt sind, bevor die Sitzverlegung im Register des Zuzugsstaates eingetragen werden kann. Mit der Eintragung im Zuzugsstaat wird die Sitzverlegung wirksam und die SE kann im Register des Herkunftsstaates gelöscht werden.

▸ **Minderheitsaktionäre** werden dadurch geschützt, dass die SE ihnen den Erwerb ihrer Aktien gegen eine angemessene Barabfindung anbieten muss (Art. 8 Abs. 5 SE-VO, § 12 SEAG). Voraussetzung für das Recht auf Barabfindung ist, dass der Aktionär in der Hauptversammlung gegen die Sitzverlegung gestimmt und Widerspruch zur Niederschrift erklärt hat.[3]

▸ Zum **Schutz der Gläubiger** sieht § 13 SEAG vor, dass diese Sicherheit von der SE verlangen können, aber nur, wenn sie glaubhaft machen können, dass durch die Sitzverlegung die Erfüllung ihrer Forderungen gefährdet wird.

---

[2]So die ganz h.M.: *Diekmann,* Habersack/Drinhausen, SE-Recht, Art. 8 SE-VO, Rn. 32; a. A. aber *Oechsler/Mihaylova,* MünchKomm, AktG, Art. 8 SE-VO, Rn. 19.

[3]*Oechsler/Mihaylova,* MünchKomm, AktG, Art. 8 SE-VO, Rn. 56a.

Mittlerweile hat es europaweit über 80 grenzüberschreitende SE-Sitzverlegungen gegeben (was bedeutet, dass etwa 4 % aller SE ihren Sitz grenzüberschreitend verlegt haben).[4]

8.3 Alternativen zur SE-Sitzverlegung

Auch außerhalb des Anwendungsbereichs von Art. 8 SE-VO gibt es eine Reihe von Möglichkeiten zur grenzüberschreitenden Unternehmens-Mobilität in der EU (auch für nationale Gesellschaften):[5]

- Die Rechtsprechung des EuGH zur Niederlassungsfreiheit hat dazu geführt, dass auch nationalen Rechtsformen der grenzüberschreitende Wegzug in einen anderen Mitgliedstaat nicht mehr untersagt werden darf, wenn sich die Gesellschaft im Zuge der Sitzverlegung in eine Rechtsform des Zuzugsstaates umwandelt **(grenzüberschreitender Formwechsel)**.[6] Damit steht grundsätzlich auch nationalen Rechtsformen der grenzüberschreitende Formwechsel offen. Allerdings fehlt es bislang an einem einheitlichen Rechtsrahmen für den grenzüberschreitenden Formwechsel nationaler Rechtsformen, wodurch ein im Vergleich zur SE-Sitzverlegung erhöhter Koordinierungs- und Abstimmungsbedarf entsteht.
- Die deutsche GmbH oder AG können ihren **Verwaltungssitz** in einen anderen Mitgliedstaat **verlegen** (ohne gleichzeitigen Wechsel der Rechtsform). Diese Möglichkeit der isolierten Verwaltungssitzverlegung steht der SE gerade nicht offen.
- Eine weitere Option grenzüberschreitender Mobilität ist die **grenzüberschreitende Verschmelzung**, die mit der Verschmelzungsrichtlinie einen europaweit harmonisierten Rechtsrahmen erhalten hat und in Deutschland in den §§ 122a ff. UmwG sowie im MgVG umgesetzt worden ist. Hierdurch wird bspw. einer deutschen GmbH ermöglicht, sich auf eine französische S.à r.l. zu verschmelzen.

---

[4] *Casper,* Spindler/Stilz, AktG, Vor Art. 1 SE-VO, Rn. 23.

[5] Siehe hierzu *Bücker,* Hirte/Bücker, Grenzüberschreitende Gesellschaften, § 3.

[6] Vgl. dazu *Schaper,* ZIP 2014, 810 und aus jüngster Zeit EuGH, Urt. v. 25.10.2017 – C-106/16 (Polbud), NZG 2017, 1308.

9 Weitere europäische und EU-ausländische Rechtsformen

Neben der SE gibt es weitere europäische Rechtsformen und auch Gesellschaftsformen aus anderen Mitgliedsstaaten, die in die Rechtswahlentscheidung einbezogen werden können.

9.1 Europäische Wirtschaftliche Interessenvereinigung (EWIV)

Die Europäische Wirtschaftliche Interessenvereinigung (EWIV) war die **erste europäische Rechtsform**. In Deutschland gibt es aktuell ca. 300 EWIV. [1]

Die EWIV soll die wirtschaftliche Tätigkeit ihrer Mitglieder erleichtern, ohne dabei an deren Stelle zu treten oder eigene Gewinnerzielungsabsichten zu verfolgen (Art. 3 Abs. 1 S. 1 HS. 2 EWIV-VO).[2] Die EWIV ist damit ein **„Instrument der Unternehmenskooperation“**[3], dessen Zweck auf Hilfstätigkeiten zur Förderung der wirtschaftlichen Tätigkeiten ihrer Mitglieder beschränkt ist **(Zweckrestriktion)**. Für ein Joint Venture-Unternehmen, das selbst am Markt auftreten und nicht auf die Unterstützung der Joint Venture-Partner beschränkt sein soll, ist die Rechtsform der EWIV daher grundsätzlich nicht geeignet.

Die Gründung der EWIV ist im Vergleich zur SE sehr flexibel und unkompliziert, z. B. kommen als Gründer sowohl natürliche als auch juristische Personen in Betracht und auch ein Stammkapital ist nicht erforderlich. Allerdings **haften**

[1] *Bayer/J. Schmidt*, BB 2017, 2114 (294 EWIV).

[2] Verordnung (EWG) Nr. 2137/85 des Rates vom 25. Juli 1985 über die Schaffung einer Europäischen wirtschaftlichen Interessenvereinigung (EWIV).

[3] *Müller-Gugenberger*, NJW 1989, 1449, 1453.

M. Schaper, *Die Europäische Aktiengesellschaft (SE)*, essentials,
https://doi.org/10.1007/978-3-658-20941-4_9

die Mitglieder unbeschränkt persönlich als Gesamtschuldner für die Verbindlichkeiten der EWIV, Art. 24 Abs. 1 S. 1 EWIV-VO.

Die EWIV unterliegt zudem zahlreichen **Tätigkeitsbeschränkungen** (Art. 3 Abs. 2 EWIV-VO) und darf bspw. keine (Konzern-)Leitungsfunktionen ausüben und auch nicht mehr als 500 Arbeitnehmer beschäftigen.

9.2 Europäische Genossenschaft (SCE)

Mit der Europäischen Genossenschaft (*Societas Cooperativa Europaea,* SCE) sollte die **grenzüberschreitende Tätigkeit genossenschaftlicher Unternehmen** in der EU verbessert werden. Wie auch bei der SE und der EWIV folgt die SCE dem **Verweisungsprinzip**, d. h. lediglich einige gesellschaftsrechtliche Kernaspekte sind in der SCE-VO[4] geregelt und im Übrigen wird auf die von den Mitgliedstaaten speziell für die SCE erlassenen Vorschriften und sodann (subsidiär) auf die allgemeinen nationalen genossenschaftsrechtlichen Bestimmungen verwiesen. Allerdings ist die SCE mit lediglich 13 Eintragungen im deutschen Genossenschaftsregister bis Mitte 2017 (noch) eine Randerscheinung.[5]

9.3 Europäische Einpersonen-GmbH (SUP)

Nachdem das Vorhaben zur Schaffung einer Europäischen Privatgesellschaft (*Societas Privata Europaea,* SPE) aufgegeben wurde, hat die EU Kommission im April 2014 mit dem Entwurf der SUP-Richtlinie ein Konzept für die Schaffung einer europaweit harmonisierten Einpersonen-GmbH (*Societas Unius Personae,* SUP) vorgelegt. Nach dem Richtlinien-Entwurf wird die SUP mit einer Ein-Mann-GmbH vergleichbar sein, mit einem symbolischen **Stammkapital von 1 €** und einem **vereinfachten Gründungsverfahren**. Hierdurch soll insbesondere die Gründung von Tochtergesellschaften in anderen Mitgliedstaaten vereinfacht werden. Konzeptionell würde sich die SUP von der SE, EWIV und SCE dadurch unterscheiden, dass die SUP keine eigenständige europäische Rechtsform darstellt, sondern die SUP-Richtlinie den Mitgliedstaaten (lediglich) vorgibt, eine nationale Rechtsform mit den Vorgaben der SUP-Richtlinie einzuführen (in Deutschland

[4]Verordnung (EG) Nr. 1435/2003 des Rates vom 22. Juli 2003 über das Statut der Europäischen Genossenschaft (SCE).

[5]*Bayer/J. Schmidt,* BB 2017, 2114.

z. B. durch eine **weitere Rechtsformvariante der GmbH** neben der UG (haftungsbeschränkt)).[6] Ob und wann die SUP-Richtlinie in Kraft treten wird, ist derzeit nicht absehbar.

9.4 EU-ausländische Rechtsformen

Neben den supranationalen Rechtsformen auf europäischer Ebene (SE, EWIV und SCE) können Unternehmen grundsätzlich auch (nationale) Rechtsformen aus anderen Mitgliedstaaten wählen.

Soll eine Rechtform aus einem anderen Mitgliedstaat (z. B. englische Ltd. oder eine niederländische B. V.) mit Verwaltungssitz in Deutschland gegründet werden, muss zunächst geprüft werden, ob der Gründungsstaat die **Verwaltungssitzverlegung** nach Deutschland gestattet. Zwar hat der EuGH in einer Reihe von Entscheidungen zur Niederlassungsfreiheit die grenzüberschreitende Mobilität von EU-Auslandsgesellschaften gestärkt, jedoch auch klargestellt, dass der jeweilige Gründungsstaat darüber entscheiden kann, ob der Verwaltungssitz „seiner" nationalen Rechtsformen rechtsformwahrend ins europäische Ausland verlegt werden darf.[7]

Auch der anstehende sog. **„Brexit"** spielt bei der Wahl ausländischer Rechtsformen eine Rolle. Während in Deutschland Gesellschaften aus anderen Mitgliedstaaten aufgrund der EuGH Rechtsprechung grundsätzlich anerkannt werden, wendet der BGH auf Gesellschaften aus Drittstaaten die sog. **Sitztheorie** an,[8] die dazu führt, dass solche ausländischen Gesellschaften nicht als Gesellschaften ausländischen Rechts, sondern als deutsche Personengesellschaften behandelt werden (mit entsprechenden Haftungsrisiken für die Gesellschafter). Mit Vollzug des „Brexit" würde das Vereinigte Königreich von einem Mitgliedstaat zu einem Drittstaat und folglich würden die englische Ltd. und PLC mit Verwaltungssitz in Deutschland nicht mehr durch die europäische Niederlassungsfreiheit geschützt und daher als deutsche Personengesellschaften behandelt.[9]

---

[6] *Omlor,* NZG 2014, 1137, 1139.

[7] *Schaper,* ZIP 2014, 810, 814 f.

[8] BGH, Beschl. v. 22.11.2016 – II ZB 19/15, Rn. 21; vgl. dazu auch *Schaper,* Selektion und Kombination von Gesellschaftsformen im institutionellen Wettbewerb, S. 99 ff., 127 ff.

[9] *Weller/Thomale/Benz,* NJW 2016, 2378, 2381.

Was Sie aus diesem *essential* mitnehmen können

- Immer mehr Unternehmen entscheiden sich für die Rechtsform der SE. Mit bislang über 470 SE-Gründungen gehört Deutschland zu den Spitzenreitern bei den SE-Gründungen. Nicht nur traditionelle DAX- und MDAX-Unternehmen, sondern auch Start-ups und E-Commerce-Unternehmen ab einer gewissen Größenordnung entscheiden sich für die europäische Rechtsform.
- Die wichtigste Rechtsquelle des SE-Rechts ist die SE-VO. Hinsichtlich der (zahlreichen) nicht in der SE-VO geregelten Bereiche verweist die SE-VO auf das nationale Recht des Mitgliedstaates, in dem die SE ihren Sitz hat. Auf Ebene des mitgliedstaatlichen Rechts finden dabei vorrangig die speziellen SE-Ausführungsgesetze des jeweiligen „Sitzstaates" Anwendung (in Deutschland das SEAG und das SEBG) und nachrangig das allgemeine Aktienrecht (in Deutschland insbesondere das AktG). In vielfacher Hinsicht entspricht eine SE mit Sitz in Deutschland daher der deutschen Aktiengesellschaft.
- Verlegt eine SE mit Sitz im Inland ihren Sitz ins europäische Ausland, z. B. nach Frankreich, finden nach der Sitzverlegung neben der SE-VO (anstelle des deutschen Rechts) die französischen SE-Ausführungsgesetze und das französische Aktienrecht Anwendung.
- Trotz des Verweises auf nationale Rechtsvorschriften weist die SE einige nennenswerte Besonderheiten gegenüber den nationalen Rechtsformen auf. Während beispielsweise das deutsche Aktienrecht zwingend ein dualistisches System bestehend aus Vorstand und Aufsichtsrat vorsieht, kann in der SE alternativ eine monistische Board-Struktur gewählt werden, bei der die Aufgaben von Vorstand und Aufsichtsrat in einem Verwaltungsorgan gebündelt werden. Zudem kann das Mitbestimmungsrecht in der SE im Wege der Verhandlungslösung an die individuellen Bedürfnisse des jeweiligen Unternehmens angepasst werden – hierbei verhandeln die Unternehmensleitungen der Gründungsgesellschaften mit

M. Schaper, *Die Europäische Aktiengesellschaft (SE)*, essentials,
https://doi.org/10.1007/978-3-658-20941-4

den Arbeitnehmervertretern über den Abschluss einer Beteiligungsvereinbarung, die insbesondere Regelungen über die Zusammensetzung des Aufsichts- bzw. Verwaltungsorgans sowie über den SE-Betriebsrat enthält.

- Die Möglichkeiten zur Gründung einer SE sind durch den *numerus clausus* in Art. 2 SE-VO auf vier Gründungsvarianten begrenzt: i) Grenzüberschreitende Verschmelzung, ii) Gründung einer Holding-SE, iii) Gründung einer Tochter-SE und iv) Formwechsel. Als weitere (sog. sekundäre) Gründungsvariante sieht Art. 3 Abs. 2 SE-VO vor, dass eine bereits bestehende SE eine SE-Tochter gründen kann.
- Neben der SE gibt es mit der Europäischen Wirtschaftlichen Interessenvereinigung und der Europäischen Genossenschaft noch weitere europäische Rechtsformen, die allerdings nur für sehr spezifische Bereiche als geeignete Rechtsformen in Betracht kommen. Mit der geplanten Schaffung einer europaweit harmonisierten Einpersonen-GmbH (*Societas Unius Personae*, SUP) könnte eine weitere Rechtsformvariante der GmbH neben der UG (haftungsbeschränkt) eingeführt werden, die auch praktisch große Relevanz haben dürfte. Ob und wann die SUP-Richtlinie allerdings in Kraft treten wird, ist derzeit nicht absehbar.

Literatur

Bayer, Walter / Schmidt, Jessica, BB-Gesetzgebungs- und Rechtsprechungsreport Europäisches Unternehmensrecht 2016/2017, BB 2017, 2114 – 2125

Bücker, Thomas, Bedeutung der monistischen SE in Deutschland und Verantwortlichkeit der Verwaltungsratsmitglieder, ZHR-Beiheft Nr. 77 2015, 203 – 229

DAV, Stellungnahme zum Diskussionsentwurf eines Gesetzes zur Ausführung der Verordnung (EG) Nr. 2157/2001 des Rates vom 8.10.2001 über das Statut der Europäischen Gesellschaft (SE) (SE-Ausführungsgesetz-SEAG), NZG 2004, 75 – 86

Eidenmüller, Horst, Die GmbH im Wettbewerb der Rechtsformen, ZGR 2007, 168 – 211

Gruber, Johannes / Weller, Marc-Philippe, Societas Europaea: Mitbestimmung ohne Aufsichtsrat? Ideen für die Leitungsverfassung der monistischen Europäischen Aktiengesellschaft in Deutschland, NZG 2003, 297 – 301

Habersack, Mathias / Drinhausen, Florian, SE-Recht, 2. Aufl. 2016, C.H. Beck, München

Heckschen, Heribert, Die Europäische AG aus notarieller Sicht, DNotZ 2003, 251 – 269

Hirte, Heribert / Bücker, Thomas, Grenzüberschreitende Gesellschaften, 2. Aufl. 2006, Carl Heymanns, Köln

Hopt, Klaus J., Europäisches Gesellschaftsrecht: Quo vadis?, EuZW 2012, 481 – 482

Jannott, Dirk / Frodermann, Jürgen, Handbuch der Europäischen Aktiengesellschaft – Societas Europaea, 2. Aufl. 2014, C.F. Müller, Heidelberg

Kämmerer, Jörn Axel / Veil, Rüdiger, Paritätische Arbeitnehmermitbestimmung in der monistischen Societas Europaea – ein verfassungsrechtlicher Irrweg?, ZIP 2005, 369 – 376

Kölner Kommentar, Aktiengesetz, Band 8 Teil 1: Art. 1-42 SE-VO, 3. Aufl. 2012, Carl Heymanns, Köln

Lutter, Marcus / Hommelhoff, Peter / Teichmann Christoph, SE-Kommentar, 2. Aufl. 2015, Dr. Otto Schmidt, Köln

Müller-Gugenberger, Christian, EWIV – Die neue europäische Gesellschaftsform, NJW 1989, 1449 – 1458

Münchener Kommentar, Aktiengesetz, Band 2, 4. Aufl. 2014 / Band 7, 4. Aufl. 2017, C.H. Beck, München

Omlor, Sebastian, Die Societas Unius Personae: eine supranationale Erweiterung der deutschen GmbH-Familie, NZG 2014, 1137 – 1142

Schäfer, Carsten, Das Gesellschaftsrecht (weiter) auf dem Weg nach Europa – am Beispiel der SE-Gründung, NZG 2004, 785 – 791

M. Schaper, *Die Europäische Aktiengesellschaft (SE)*, essentials,
https://doi.org/10.1007/978-3-658-20941-4

Schaper, Martin, Selektion und Kombination von Gesellschaftsformen im institutionellen Wettbewerb: Typenvermischung und hybride Rechtsformen im europäischen und US-amerikanischen Wettbewerb der Gesellschaftsrechte, 2012, Duncker & Humblot, Berlin

Schaper, Martin, Grenzüberschreitender Formwechsel und Sitzverlegung: Die Umsetzung der Vale-Rechtsprechung des EuGH, ZIP 2014, 810 – 817

Schmitt, Joachim / Hörtnagl, Robert / Stratz, Rolf-Christian, Umwandlungsgesetz, Umwandlungssteuergesetz, 7. Aufl. 2016, C.H. Beck, München

Schwarz, Günter Christian, SE-VO, 2006, C.H. Beck, München

Seibt, Christoph H., Arbeitnehmerlose Societas Europaea. Zugleich Anmerkung zu AG Hamburg v. 28.06.2005 – 66 AR 76/05 – und LG Hamburg v. 30.09.2005 – 417 T 15/05 -, ZIP 2005, 2248 – 2251

Seibt, Christoph H. / Reinhard, Thorsten, Umwandlung der Aktiengesellschaft in die Europäische Gesellschaft (Societas Europaea), Der Konzern, 2005, 407 – 474

Spindler, Gerald / Stilz, Eberhard, Kommentar zum Aktiengesetz, Band 2, 3. Aufl. 2015, C.H. Beck, München

Vossius, Oliver, Gründung und Umwandlung der deutschen Europäischen Gesellschaft (SE), ZIP 2005, 741 – 749

Weller, Marc-Philippe / Thomale, Chris / Benz, Nina, Englische Gesellschaften und Unternehmensinsolvenzen in der Post-Brexit-EU, NJW 2016, 2378 – 2383

Wicke, Hartmut, Die Europäische Aktiengesellschaft – Grundstruktur, Gründungsformen und Funktionsweise, MittBayNot 2006, 196 – 205

Willemsen, Heinz Josef / Hohenstatt, Klaus-Stefan / Schweibert, Ulrike / Seibt, Christoph H.: Umstrukturierung und Übertragung von Unternehmen, 4. Aufl. 2011, C.H. Beck, München

Printed in the United States
By Bookmasters